OTTO-AREND MAI
Die evangelischen Kirchen in Erfurt

OTTO-AREND MAI **Die evangelischen Kirchen in Erfurt**

Evangelische Verlagsanstalt
Berlin

Am Text wirkten mit:
Hans Jochen Genthe, Martin Henschel,
Helmut Jung, Jürgen Witthauer
und Roland Oehler

ISBN 3-374-00936-0

2. Auflage 1989
ⓒ Evangelische Verlagsanstalt GmbH. Berlin 1983
Lizenz 420.205-213-89. LSV 6610. H 5344. P 220/82
Gesamtgestaltung: Hartwig Hoeftmann
Printed in the German Democratic Republic
Satz und Druck: Druckerei Markneukirchen, III-23-3
01280

Geleitwort

Gern gebe ich diesem Buch über die evangelischen Kirchen Erfurts das Geleit. Die Erfurtbesucher werden sich bei ihren Erkundungsgängen durch die Kirchen von ihm führen lassen, die Einheimischen aber werden manches Vertraute in neuem Licht und Zusammenhang sehen und verstehen.

Schon der Titel – die *evangelischen* Kirchen Erfurts – deutet an, daß hier nicht kunstgeschichtliches Interesse leitend ist. Was die Kirchengebäude vom Leben der Gemeinden zu sagen haben, denen sie dienten und dienen, das vor allem soll zur Sprache kommen. Freilich gehört die Geschichte dazu, denn wir müssen wissen, woher wir kommen, um zu verstehen, warum wir heute so sind, und um zu erkennen, wohin wir gehen sollen. Aber es geht um Geschichte und Gegenwart der Gemeinden, die diese Kirchen bauten, in ihnen lebten und heute leben.

Darum werden nicht nur kunst- und kirchengeschichtlich berühmte Bauwerke, wie Meister Eckharts Predigerkirche oder Martin Luthers Augustinerkloster, erneut gewürdigt, sondern auch von ganz alltäglichen Gemeindekirchen wird berichtet. Mit der Lutherkirche wird beispielsweise ein Bau der zwanziger Jahre vorgestellt, und die Kilianikirche mit dem 1982 fertiggestellten Gemeindezentrum zeigt, wie Gemeinden aus Gispersleben und dem Neubaugebiet im Norden der Stadt zusammen leben.

Ich wünsche den Lesern des vorliegenden Bandes und den Besuchern der evangelischen Kirchen Erfurts, daß sie daraus etwas vom heutigen Leben der Kirchen der Reformation, der Landeskirche und der Freikirchen kennenlernen und daß es anziehend auf sie wirke!

Heino Falcke
Evangelischer Propst
zu Erfurt

Vorwort

Grundanliegen dieses Buches ist es, über Gestalt und Nutzung evangelischer Kirchen in Erfurt im Wandel der Zeiten zu berichten. Es wendet sich hierbei an den historisch interessierten Leser, das Gemeindeglied und an den Erfurtbesucher allgemein. Mit dieser Veröffentlichung soll eine spürbare Lücke im Literaturangebot über Erfurt geschlossen werden, fehlte es doch bisher an einer Gesamtdarstellung der evangelischen Kirchen. Allen evangelischen Kirchen im Stadtkreis von Erfurt ist ein Abschnitt gewidmet, auch wenn ihre sakrale Nutzung der Geschichte angehört. Jeder dieser Abschnitte ist in vier Textteile – Kurzcharakteristik, Zeittafel, Nutzungsgeschichte und Beschreibung von Einzelheiten – gegliedert. Diese Gliederung wird jedoch bei den Stadtrandkirchen, die nach territorialen Gesichtspunkten zu Gruppen zusammengefaßt worden sind, lediglich in vereinfachter Form angewandt. Bei Kirchen, für die nur ein geringer Textumfang vorliegt, wurde auf sie verzichtet.

Der Konzeption des Bandes nahmen sich besonders der Evangelische Propst zu Erfurt, Heino Falcke, und der Senior des Evangelischen Ministeriums zu Erfurt, Hellmuth Lauszat, an.

An dieser Stelle ist den Pfarrern und Mitarbeitern der Evangelischen Kirche und der Freikirchen in Erfurt für ihre Hinweise und Anregungen zu danken. Stellvertretend sollen Reinhard Creutzburg, Martin Bauer, Siegfried Begrich, Johannes Fiedler (†), Udo Kern, Werner Ladwig, Jürgen Michel, Joachim Schulz, Erhard Voigt und Wilhelm Velten genannt werden.

Otto-Arend Mai

Einführung

Das Christentum breitete sich in Thüringen besonders nach der Einbeziehung dieses Raums in das Frankenreich im 6. Jh. aus. Bonifatius, der sich in Thüringen aufhielt, um ein geordnetes, auf Rom bezogenes Kirchenwesen zu schaffen, gründete 742 das Bistum Erfurt, das aber nach wenigen Jahren im späteren Erzbistum Mainz aufging. Seit der Jahrtausendwende und bis zum Jahre 1802 ist der Erzbischof von Mainz auch Stadt- bzw. Landesherr von Erfurt, von dem sich die Stadt von 1250 bis 1664 weitgehend unabhängig machen konnte.

Im Frühmittelalter waren ausschließlich der Petersberg und der Domhügel mit kirchlichen und amtlichen Gebäuden bebaut. Am Fuße des Petersberges breitete sich eine ländliche Siedlung aus. Alsbald wuchs Erfurt in die Geraniederung hinein und auf das östliche Geraufer hinüber. In diesem nun sehr ausgedehnten Stadtgebiet entstanden zahlreiche Pfarrkirchen. Zu Beginn des 13. Jh. ist Erfurt eine Stadt der romanischen Kirchen; die Ruine der Peterskirche sowie Teile des Domes, der Schotten- und der Reglerkirche erinnern an diese Zeit. Die wirtschaftliche Blütezeit der Stadt erstreckte sich von der Mitte des 13. Jh. bis zum Ende des 15. Jh., in deren Verlauf Erfurt zu einer mittelalterlichen Großstadt mit etwa 20 000 Einwohnern heranwuchs. Ihr Reichtum gründete sich besonders auf den Ankauf, die Verarbeitung und den Versand des Blaufärbemittels Waid.

Damals entfaltete sich auch ein umfangreiches Kirchenwesen. Es bestanden drei Stifte und elf Klöster. Fast alle Kirchen wurden im gotischen Stil um- bzw. neu gebaut. Da Erfurt in nicht weniger als 25 Pfarreien eingeteilt war, kam es, mit Ausnahme der Kaufmannskirche, nur zum Bau kleiner Pfarrkirchen. Dafür errichteten die Stifte und die Bettelmönchsorden eindrucksvolle gotische Kirchen. Schon im 14. Jh., aber vor allem im 15. Jh. bekamen die Kirchen und die Stadtmauern weithin sichtbare Türme mit großen Helmen. Die Stadt erhielt daher den Beinamen »Erfordia turrita«, das »turmgekrönte Erfurt«.

Die Stifte waren bereits gegen Ende des 13. Jh. mit Schulen verbunden, die hochschulähnlichen Charakter trugen. Zu den Konventen der Bettelmönchsorden gehörten »Generalstudien«, d. h. Ordenshochschulen. Diese akademischen Einrichtungen bildeten die Grundlage der 1392 vom Rat der Stadt gegründeten Universität.

Die wirtschaftliche Entwicklung Erfurts hatte Ende des 15. Jh. ihren Höhepunkt überschritten. Jahre finanzieller und politischer Schwierigkeiten folgten. Das 16. Jh. war von der Reformation, das 17. Jh. vom Dreißigjährigen Krieg geprägt, die Stadt gliederte man Kurmainz an.

In Erfurt begann die Reformation im Jahre 1520, also zu dem Zeitpunkt, zu dem Luthers Schriften erschienen. Sie wurde gegen den Willen des Landesherrn durchgeführt und von fast allen Bevölkerungsschichten getragen. In zunehmendem Maße wurde in den Kirchen evangelischer Gottesdienst gehalten und das Abendmahl auch mit Austeilung des Weins an die Gemeinde gefeiert. Im April 1525 hielt sich ein Bauernheer in der Stadt auf; die Stifte wurden gestürmt. Kurz danach verbot der Rat den katholischen Gottesdienst in allen Kirchen mit Ausnahme der Hospitalkirche. Er setzte neue Pfarrer ein und erklärte den Dom zur evangelischen Hauptkirche. Vor allem durch äußeren politischen Druck kam es 1530 zum Vertrag von Hammelburg, der in der Stadt die Existenz beider Konfessionen zuließ. Die Katholiken erhielten den Dom zurück. Die Reformation breitete sich aber weiter aus, und Ende des 16. Jh. waren mehr als 90 % der Erfurter evangelisch. Die Einwohner der zu Erfurt gehörenden Dörfer, ausgenommen die sogenannten »Küchendörfer«, nahmen den evangelischen Glauben an. Die »Küchendörfer« dienten der unmittelbaren Versorgung der mainzischen Institutionen in der Stadt. Die Konvente der Bettelmönchsorden hatten sich aufgelöst, die Stifte bis auf das Reglerstift und fast alle anderen Klöster blieben erhalten; letztere wurden erst im 19. Jh. vom preußischen Staat säkularisiert.

Von 1550 bis 1570 erfolgte die endgültige Neuordnung der evangelischen Kirche in Erfurt. Ihre oberste Behörde, das »Evangelische Ministerium«, unterstand von da ab bis zur preußischen Vereinnahmung dem Rat der Stadt. An Stelle der bisherigen 25 Pfarrsprengel schuf man acht große evangelische Gemeinden. Fünf der vorhandenen Pfarrkirchen wurden übernommen. Die drei anderen Pfarrkirchen bildeten die ehemaligen Bettelordenskirchen. Acht Pfarrkirchen erhielten die Katholiken. Dazu zählten der Dom und die Severikirche. Zwölf ehemalige Pfarrkirchen blieben von da ab kirchlich fast ungenutzt und wurden bis auf eine, die Ägidienkirche, im Verlauf der nächsten 250 Jahre abgebrochen; von einigen haben sich lediglich die Türme erhalten.

Während des Dreißigjährigen Krieges hatten die Schweden zwischen 1631 und 1650 zweimal Erfurt besetzt. Das gab der evangelischen Lehre wieder einen gewissen Auftrieb und bot Schutz vor den kaiserlichen Truppen. Im Jahre 1664 vereinnahmte der Erzbischof und Kurfürst von Mainz mit Hilfe eines umfangreichen Truppenaufgebots die Stadt. Bis zum Jahre 1802 war Erfurt Provinzstadt des katholischen Kurmainz. Die kurmainzische Herrschaft führte nicht zur Unterdrückung der Protestanten. Das Kirchenregiment über die evangelischen Einwohner erhielt der evangelische Teil des Rates der Stadt.

Im Jahre 1802 kommt Erfurt zu Preußen und verbleibt dort bis zum Ende des zweiten Weltkrieges. In den napoleonischen Kriegen wurde die Stadt 1806 für sieben Jahre von den Franzosen besetzt. Fast alle Kirchen verwendete man für militärische Zwecke, so als Materialdepot, Lazarett, Gefangenenlager oder Werkstatt. Auch die Kirchen der stadtnahen Dörfer wurden durch die Kriegshandlungen sehr in Mitleidenschaft gezogen, doch konnten sie bis zur Mitte des vorigen Jahrhunderts wiederhergestellt werden. Im gleichen Zeitraum restaurierte man auch die großen evangelischen Kirchen in Erfurt, für die der Staat finanzielle Zuschüsse gab.

Die Einwohnerzahl wuchs nach der Eröffnung der Eisenbahn rasch an. Kirchliche Gebäude wurden dringend gebraucht. Obwohl die Bebauung besonders nach 1890 weit über die mittelalterliche Stadtfläche hinauswuchs, kam es, ausgenommen die Thomaskirche (1902) und die Lutherkirche (1927), nicht zum Bau großer Kirchen. Vielmehr wurden die Stadterweiterungen den in der Innenstadt gelegenen mittelalterlichen Kirchen gemeindlich zugeordnet. Gegen

Ende des 19. Jh. nahmen die kirchlichen Aktivitäten auch außerhalb der Gottesdienste immer mehr zu. Daher wurden in vielen Gemeinden nach dem ersten Weltkrieg Gemeindehäuser gebaut.

Die Jahre von 1933 bis 1945 waren u. a. gekennzeichnet durch vielfältige Behinderungen des kirchlichen Lebens. Diese Zeit, die vielen Menschen Verfolgung, Leid und Tod brachte, endete mit der Beschädigung und der Zerstörung zahlreicher kirchlicher Bauwerke durch Bombenangriffe. Nach dem Krieg begann eine umfangreiche Phase des Wiederaufbaus, die von allen Kirchgemeinden getragen wurde. Dann folgte eine Periode der Kirchenerneuerungen, die noch heute andauert. So sind besonders in den letzten Jahren fast alle Kirchen des inneren Stadtgebietes und der eingemeindeten Dörfer baulich instandgesetzt und in hervorragender Weise ausgemalt worden. Die Wiederherstellung des Augustinerklosters stellt einen Höhepunkt kirchlicher Aufbau- und Restaurierungsarbeit dar.

Der Wiederaufbau und die Erhaltung wertvoller kirchlicher Gebäude und die Restaurierung von Ausstattungsstücken wurden und werden staatlicherseits durch das Institut für Denkmalpflege gefördert. Als herausragende Beispiele für diese Bemühungen sollen die Predigerkirche und der Flügelaltar der Reglerkirche, der sogenannte »Regleraltar«, erwähnt werden.

Um 1980 begann die Errichtung kirchlicher Gebäude im Bereich der großen Neubaugebiete mit dem 1982 eingeweihten Gemeindehaus an der Kilianikirche. Weitere Gemeindezentren am Roten Berg und in Erfurt-Südost sind im Bau.

Kirchen und Klöster im inneren Stadtgebiet

Augustinerkirche und -kloster

1. Kurzcharakteristik

Nördlich der Krämerbrücke erstreckt sich der heute sichtbare Komplex des ehemaligen Augustinerklosters. Es wurde im 13. Jh. vom Bettelmönchsorden der Augustiner-Eremiten gegründet und zur Zeit der Reformation säkularisiert. Von allen mittelalterlichen Stifts- und Klosteranlagen Erfurts konnte das Augustinerkloster, trotz erheblicher Zerstörungen im zweiten Weltkrieg, weitgehend seinen ursprünglichen Charakter bewahren. Martin Luther war mit Unterbrechungen von 1505 bis 1511 Mönch in diesem Kloster. Deshalb ist es seit der Reformation eine der bedeutendsten Luthergedenkstätten. Anläßlich des 500. Geburtstags Luthers wurden umfangreiche Restaurierungsarbeiten vorgenommen. Entlang der Augustinerstraße liegt die Kirche. Südwärts schließt sich das Dormitorium an. In diesem Gebäude befand sich einst, wie seine lateinische Bezeichnung besagt, der Schlafsaal der Mönche. Parallel zum Dormitorium verläuft der Westflügel. Zwischen diesen genannten Gebäuden liegt der Kreuzgang und, durch den Zwischenbau getrennt, ein ehemaliger Wirtschaftshof. Letzterer wird im Süden durch das Priorat abgeschlossen. Einen dritten Hof begrenzen das Laubenganghaus und das ehemalige Gästehaus des Klosters. Das Gästehaus, der älteste Profanbau Erfurts, liegt an der Comthurgasse.

Die Klosterkirche ist seit 1525 evangelische Gemeindekirche. Die anderen Klostergebäude werden seitdem und bis zum heutigen Tag intensiv genutzt. So dienten sie als Ratsgymnasium und Waisenhaus. Heute finden in ihnen kirchliche Veranstaltungen und bedeutende Tagungen statt. Hier ist auch die Evangelische Predigerschule der Kirchenprovinz Sachsen untergebracht.

1. Blick vom Johanne turm auf das Augustinerkloster (1981)

2. Zeittafel

1266–1273	Erstmals Augustiner-Eremiten in Erfurt angesiedelt
1276	Die Augustinermönche lassen sich erneut in Erfurt nieder
1277	Baubeginn von Kloster und Kirche
1334	Augustinusfenster fertiggestellt
1428	Beisetzung von Johannes Zachariae
1432–1444	Anbau des Glockenturms
1461–1463	Erneuerungsarbeiten, Lettner errichtet
1474	Priorat erbaut
1482	Waidhäuser erbaut
1502–1518	Errichtung des Bibliotheksgebäudes
1505–1511	Luther mit Unterbrechungen Mönch des Erfurter Konvents der Augustiner-Eremiten
1505	Eintritt in das Augustinerkloster (17. 7.)
1506	Ablegen der Ordensgelübde (Profeß)
1507	Priesterweihe im Dom und erste vom Neugeweihten gehaltene Meßfeier (Primiz) im Augustinerkloster
1508	Dozent an der Universität in Wittenberg
1509	Vorlesungen an der Erfurter Universität
1510–1511	Romreise in Ordensangelegenheiten
1511	Endgültige Berufung nach Wittenberg: Professor für Bibelauslegung
1525	Klosterkirche evangelisch
1559	Säkularisierung des Klosters
1561–1820	Evangelisches Ratsgymnasium im Westflügel

2. Augustinerkirch Nordseite

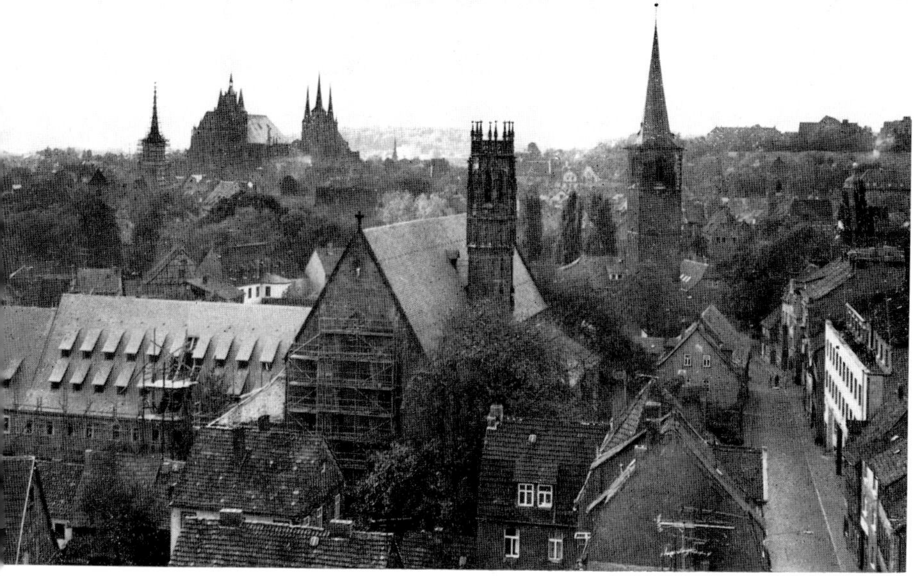

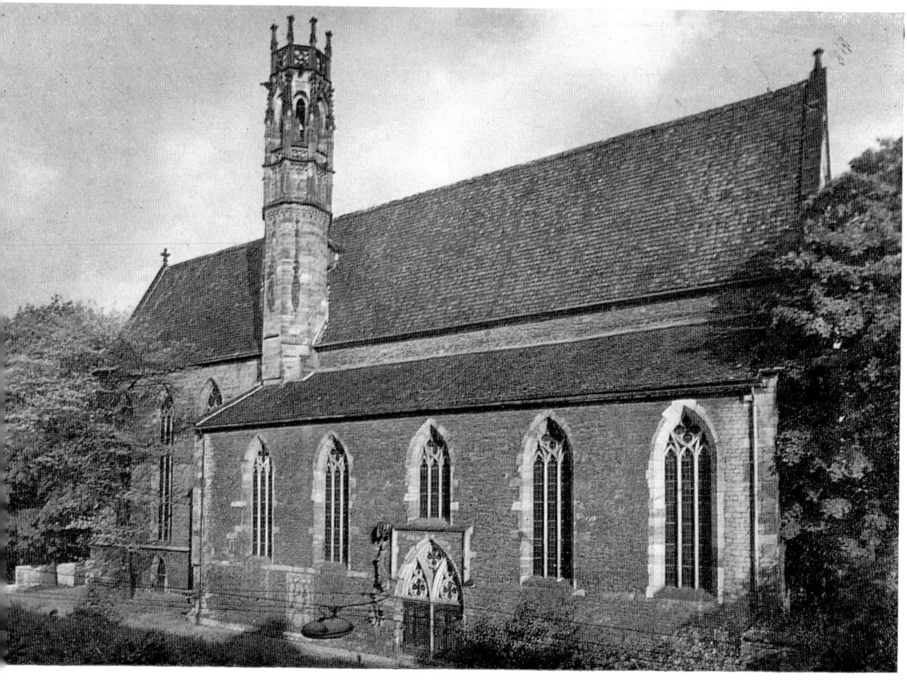

17. Jh.	Renovierungen, besonders in Kirche und Ostflügel (Dormitorium)
um 1650	Errichtung des Laubenganghauses
1669–1946	Evangelisches Waisenhaus in Dormitorium, Laubenganghaus und Gästehaus
1690–1691	August Hermann Francke als Pfarrer an der Augustinerkirche
1818	Gründung der Knabenerziehungsanstalt »Martinsstift« Seit 1822 im Kloster untergebracht
1840–1846	Durchgreifende Neugestaltung des Westflügels für das Martinsstift (nach Entwürfen Schinkels)
1844–1849	Instandsetzung der baufälligen Kirche, Entfernung der barocken Ausstattung
1850	Kirche Tagungsstätte des Unionsparlaments der nord- und mitteldeutschen Staaten
1854	Neueinweihung der Kirche mit neugotischer Innenausstattung: Hochaltar, Kanzel, Orgel
1872	Dormitorium durch Brand schwer beschädigt
1936–1938	Gründliche Restaurierungsarbeiten an der Kirche; Entfernung der neugotischen Ausstattung, neue Orgel
1945	Schwere Schäden im Klostergelände durch Luftangriff (25. 2.), Bibliotheksgebäude und Waidhäuser total zerstört
seit 1946	Wiederherstellung der beschädigten Gebäude
1960	Übersiedlung der Evangelischen Predigerschule aus Wittenberg ins Augustinerkloster
seit 1979	Umfassende Restaurierungsarbeiten im ganzen Klosterbereich

3. Das Augustinerkloster im 16. Jh. (Zeichnung von E. Scharffenberg)

4. Augustinerkloster Übersichtsplan (198

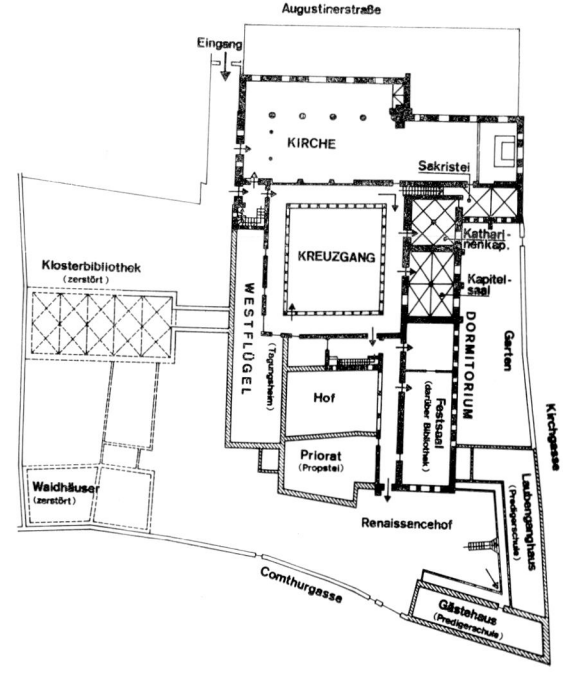

Augustinerstraße

Eingang

KIRCHE

Sakristei

Klosterbibliothek
(zerstört)

WESTFLÜGEL

(Tagesheim)

KREUZGANG

Kathari-
nenkap.

Kapitel-
saal

DORMITORIUM

Garten

Hof

Festsaal
(zerstört Bibliothek)

Kirchgasse

Priorat
(Propstei)

Waldhäuser
(zerstört)

Renaissancehof

Ladengasshaus
(Predigerschule)

Comthurgasse

Gästehaus
(Predigerschule)

15

werden. Die Reihe der Gebetsgottesdienste wurde um 15 Uhr fortgesetzt (Non und Vesper). 18 Uhr fand das Abendessen statt, falls es nicht zu Fasttagen ausfiel. Die anschließende Komplet beschloß den Tageslauf. Von 20 Uhr bis 2 Uhr war Nachtruhe.

Weitere Gebote, z. B. das Schweigen an bestimmten Orten, wie etwa im Kreuzgang, und bei bestimmten Gelegenheiten, wie bei den Mahlzeiten, regelten das strenge Leben der Klostergemeinschaft.

3.3. Charakter des Ordens

Der Orden war nach dem heiligen Augustinus benannt worden. Anweisungen dieses Kirchenvaters (354–430) wurden in die Ordensregel aufgenommen. Das darin geforderte Betteln diente hauptsächlich der Demutsübung der Mönche und führte zum unmittelbaren Kontakt mit der Bevölkerung. Der Unterhalt des Klosters wurde jedoch aus Stiftungen, Erträgen aus Grundbesitz und dem Bereitstellen von Grabstätten in der Kirche bestritten.

Mit ihren Predigten übten die Mönche einen großen Einfluß auf das Volk aus, das im Einzugsbereich des Klosters vor allem aus Tagelöhnern und Bauleuten bestand. Diese Predigten wurden nicht nur in der Kirche, sondern auch davor im Freien gehalten. Deshalb finden sich an der Nordostecke des Seitenschiffs noch Reste einer Außenkanzel.

Das Hauptinteresse des Ordens galt jedoch der wissenschaftlichen Arbeit und der Lehrtätigkeit. Deswegen wurde das Gedenken der heiligen Katharina als Patronin der Wissenschaften besonders gepflegt. Auch im Erfurter Augustinerkloster bestand ein Generalstudium, das in die 1392 gegründete Erfurter Universität eingegliedert wurde. Berühmte theologische Lehrer des Mittelalters haben hier gelebt; zu ihnen zählte Heinrich von Friemar († 1354), der zeitweise an der Pariser Sorbonne lehrte, und Johannes Zachariae († 1428), der theologische Gegner des Johannes Hus auf dem Konstanzer Konzil 1415. Beider Grabsteine sind noch erhalten.

Das beginnende 16. Jh. bis hin zur Reformation stellte eine Blütezeit der wissenschaftlichen Arbeit im Augustinerkloster

6. Augustinerkirche, neugotische Ausgestaltung als Sitzungssaal des Unionsparlaments (1850)

7. Augustinerkirche, Grabplatte des Johannes Zachariae (gest. 1428)

dar. Damals wurde das prächtige, im zweiten Weltkrieg völlig zerstörte Bibliotheksgebäude errichtet. Unter dem Einfluß des Humanismus widmete man sich im Kloster dem Studium der alten Sprachen.

8. Augustinerkloster, Kreuzgang, Nordostecke (Zustand vor der Renovierung 1983)

3.4. Luther im Augustinerkloster und die Zeit der Reformation

Nach vierjährigem philosophischem Grundstudium an der Erfurter Universität (1501–1505) brach Luther das gerade begonnene Studium der Rechtswissenschaften ab und trat als Mönch ins Augustinerkloster zu Erfurt ein. Sicherlich hatte er diese Entscheidung lange durchdacht; den unmittelbaren Anlaß bildete dann das »Gewittererlebnis«. Ein Gedenkstein bei Stotternheim, nördlich von Erfurt gelegen, erinnert an dieses Ereignis. Luthers Weg ins Kloster hatte seinem Vater sehr mißfallen. Priesterweihe und Primiz waren dann jedoch der Anlaß für eine gewisse Aussöhnung. Hier im Kloster erwarb sich Luther seine umfassenden Sprachkenntnisse, die er dann zur Übersetzung der Bibel ins Deutsche benötigte.

Nach dem Ablegen der Ordensgelübde wurde Luther für das Theologiestudium bestimmt, durch das er sich die theologischen Kenntnisse für sein späteres reformatorisches Wirken aneignete. Dabei kamen ihm aber auch die ersten Zweifel am geltenden Glaubensverständnis.

1511 werden Luther und sein mit ihm befreundeter Klosterbruder Johannes Lang nach Wittenberg versetzt. In der gemeinsamen Erfurter Zeit war Lang auch Luthers »Lehrmeister« für die griechische Sprache. 1516 von Luther zum Prior des Klosters ernannt, verließ er 1522 mit der Hälfte der Mönche den Konvent und wurde zum Wegbereiter der Reformation in Erfurt. Er liegt in der Michaeliskirche begraben.

Die Klosterkirche wurde 1525 evangelisch und 1550 Pfarrkirche für die große Johannesgemeinde, deren kleine Kirche seit der Reformation geschlossen blieb (s. Johannesturm). Zur Johannesgemeinde kamen noch die evangelischen Bewohner der Gotthardtgemeinde hinzu. Erst seit dem 19. Jh. wird der Name »Augustinergemeinde« amtlich gebraucht.

Links:
9. Augustinerkloster,
Lutherzelle
(Zustand vor der
Renovierung
1983)

AETHERNA IPSE SVAE MENTIS SIMVLACHRA LVTHERVS
EXPRIMIT AT VVLTVS CERA LVCAE OCCIDVOS.

·M·D·X·X·

Rechts:
0. Luther als Mönch
(Kupferstich von
Lukas Cranach d. Ä.
um 1520
Kunstsammlung
Weimar)

23

Der Erfurter Konvent der Augustiner-Eremiten löste sich mehr und mehr auf. 1556 verstarb der letzte verbliebene Mönch, und 1559 wurde das Kloster säkularisiert. Später, nach 1618, hat sich der Orden erneut in Erfurt niedergelassen, und zwar ab 1651 an der Wigbertikirche. Im Jahre 1822 löste der preußische Staat dieses Kloster auf.

3.5. Das Kloster seit der Reformation bis 1945

Im Jahre 1561 richtete der Rat der Stadt im Westflügel des Klosters ein Ratsgymnasium ein, das bis 1820 hier bestanden hat. Das Dormitorium diente auch zeitweilig als Schülerheim, bis es in der zweiten Hälfte des 17. Jh. vom Verfall bedroht war. Überdies hatte ein Brand die Gebäude an der Kirchgasse zerstört. Da war die Gründung des Evangelischen Waisenhauses 1669 günstiger Anlaß, dem Verfall Einhalt zu gebieten. Die Gebäude wurden instand gesetzt bzw. das Laubenganghaus neu errichtet und in ihnen und im Gästehaus das Evangelische Waisenhaus untergebracht. Nach großen Anfangsschwierigkeiten erfüllte es seine Aufgabe bis nach dem zweiten Weltkrieg.

Das Waisenhaus besaß eine bedeutende Sammlung mittelalterlicher Tafelmalerei, zumeist von Altären der Klosterkirche stammend, von denen es insgesamt acht gab. Bei einem Brand im Jahre 1872 wurde das Dormitorium schwer beschädigt und die in ihm untergebrachte Sammlung bis auf wenige Stücke, die sich heute im Angermuseum befinden, vernichtet. Obergeschoß und Dach des Dormitoriums wurden alsbald in vereinfachter Form wieder aufgebaut.

Angeregt durch die Bemühungen Johannes Falks in seinem »Lutherhof« in Weimar, gründete Karl Reinthaler 1818 in Erfurt das »Martinsstift« als Knabenerziehungsanstalt. Hier wurden durch die napoleonischen Kriege elternlos gewordene Kinder aufgenommen, die in großer Zahl durch die Lande vagabundierten. Sie erhielten ein Zuhause mit christlicher Erziehung, Schulunterricht und Lehrausbildung. Innerhalb von 22 Jahren wurden etwa 3000 Kinder verpflegt und erzogen. Das durch die Bevölkerungsexplosion im 19. Jh. hervorgerufene Kinderproblem konnte lang nicht gelöst werden. Da-

11. Augustinerkloster, Martinsstift um 1850 (Lithographie nach einer Zeichnung von Kruspe)

12. Augustinerkloster nach der Zerstörung im 2. Weltkrieg (Zustand 1948)

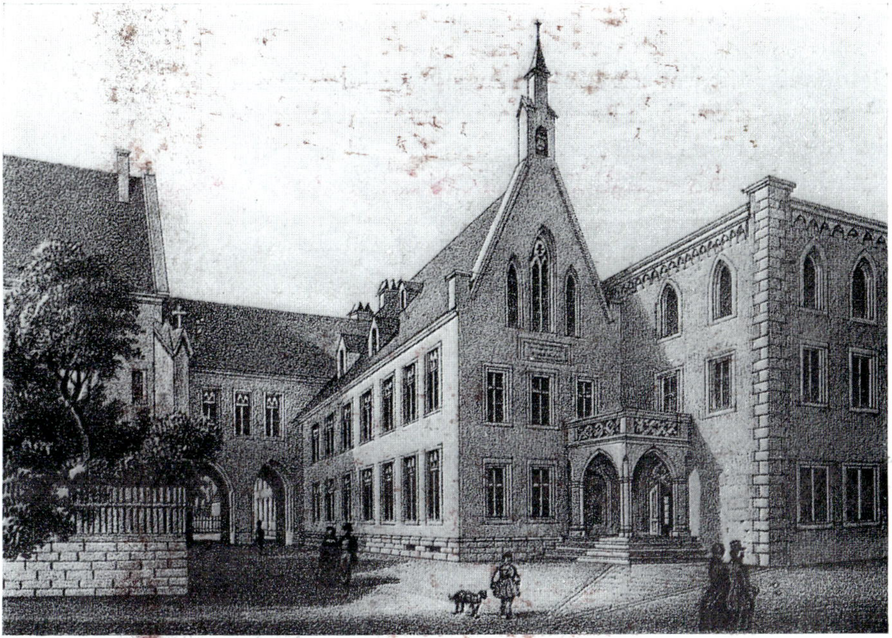

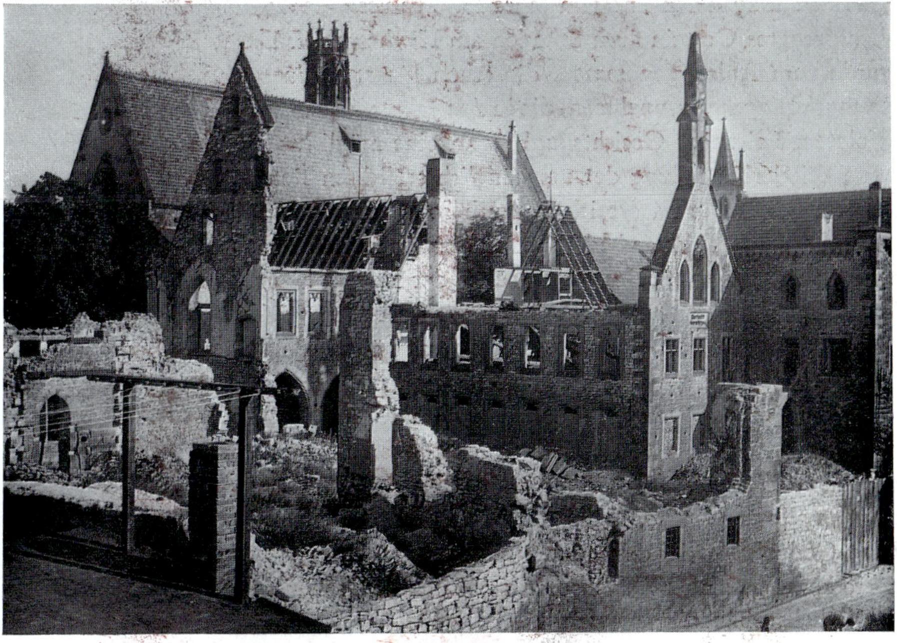

her wurde 1867, drei Jahre nach Reinthalers Tod, das Martinsstift zur »Anstalt für verwahrloste Kinder«.

Das Martinsstift war seit 1821 im Augustinerkloster in den Räumen des ehemaligen Ratsgymnasiums untergebracht, die sich allerdings nicht mehr in einem guten Zustand befanden. Nach Entwürfen von Karl Friedrich Schinkel konnten von 1840 bis 1846 der Westflügel und das Priorat um- und teilweise neugebaut werden. Außerdem entstand ein zweistöckiger Verbindungstrakt zum Bibliotheksgebäude, dessen oberes Geschoß nun als Aula und Betsaal des Stifts diente.

Die Kirche war seit der Reformation mannigfachen Veränderungen unterworfen. Im 17. bzw. 18. Jh. erhielt sie eine barocke Ausstattung. Danach erfolgte lange Zeit keine gründliche Instandsetzung. 1833/45 mußte sie wegen Baufälligkeit geschlossen werden. Im Jahre 1849 gestaltete man sie in einen Sitzungssaal für das vom 20. März bis 29. April 1850 hier beratende Unionsparlament um. Erst 1854 wurde die Kirche wieder für Gottesdienste freigegeben. Sie hatte nun eine neugotische Ausstattung – Hochaltar, Kanzel und Ausmalung – erhalten.

Ein Blitzschlag in den Turm im Jahre 1935 verursachte durch abgesprengtes Gestein auch Schaden am Kirchenschiff. Das wurde zum Anlaß genommen, die schon längst geplanten Restaurierungen vorzunehmen, die in den Jahren 1936–1938 erfolgten. Leitender Gesichtspunkt war, eine möglichst getreue Wiederherstellung der ursprünglich schlichten Bettelmönchordenskirche zu erreichen. Auch sollte der Kirchenraum eine Art Luthergedenkhalle sein. Damals wurde u. a. eine neue Orgel samt einem gegenüber der Kanzel befindlichen Positiv aufgestellt. Die Erneuerungsarbeiten griffen auf die Katharinenkapelle und den Kreuzgang über. Weitergehende Pläne für das Dormitorium wurden durch den zweiten Weltkrieg gestoppt. Schließlich zerstörte der Luftangriff am 25. Februar 1945 die Waidhäuser und das Bibliotheksgebäude völlig und richtete an Westflügel und Priorat schwersten, an allen anderen Gebäuden beträchtlichen Schaden an. Eine Gedenktafel in der Comthurgasse erinnert an jenen Schreckenstag, als 267 Menschen im Luftschutzkeller des Bibliotheksgebäudes umkamen.

26

13. Augustinerkloster
Renaissancehof
mit Waisenkindern
(18. Jh.)

14. Augustinerkloster
Renaissancehof,
heutiger Zustand,
links das
Dormitorium,
in der Mitte das
Laubenganghaus,
rechts
das Gästehaus

Prospect des Waißenhaußen im Hoffe

Augustinerkloster,
Ansicht von der
thurgasse im 17. Jh.
(aus dem Stifterbuch
des Evangelischen
Waisenhauses, 1669)

3.6. Das Augustinerkloster seit 1945

Im Jahre 1946 begann der Wiederaufbau. Mit viel Mühe erfolgte die Instandsetzung der Kirche und der den Kreuzgang begrenzenden Gebäude. Das Laubenganghaus wurde neu errichtet und das Gästehaus im Inneren modernisiert. Seit 1978 gehört der gesamte bebaute Teil des Klosterkomplexes der evangelischen Kirche.

Damit war die Möglichkeit gegeben, den Südteil des Westflügels und das Priorat wieder aufzubauen und als kirchliches Tagungsheim einzurichten. Bei den seit 1979 laufenden Rekonstruktionsarbeiten wurden nicht nur fast alle Dächer neu gedeckt und die Kirche ausgemalt, sondern auch das Obergeschoß und der Dachbereich des Dormitoriums umgestaltet. Es erhielt dabei wieder auf die ganze Länge des Gebäudes ein mittelalterliches Steildach, wie es vor dem Brand von 1872 bestanden hat.

Im Erdgeschoß des Dormitoriums liegen, aus Richtung der Kirche gesehen, der Reihe nach die Katharinenkapelle, der Kapitelsaal und der Festsaal. Der Kapitelsaal, 1973 neu geweiht, ist ein gottesdienstlicher Raum für die Augustinergemeinde und die Predigerschule. Im Festsaal, er erhielt sein heutiges Aussehen im Jahre 1976, finden internationale kirchliche Tagungen, Vortragsabende, Konzerte und Gemeindefeste statt.

Der Klosterkomplex bietet Ort und Rahmen für vielgestaltige kirchliche Veranstaltungen.

Zwei wichtige übergemeindliche kirchenmusikalische Einrichtungen haben ihren Sitz im Augustinerkloster. Das ist einmal der Chor der Kantorei St. Augustin, der auf ein hundertjähriges Bestehen zurückblicken kann. Zum anderen handelt es sich um das Andreaskammerorchester, ein Laienorchester, das 1951 in der Andreaskirche gegründet wurde. Beide, Chor und Orchester, führen gemeinsam regelmäßig bedeutende Werke der Kirchenmusik auf.

Im Obergeschoß des Dormitoriums ist über dem Festsaal die Bibliothek des Evangelischen Ministeriums untergebracht. Sie befand sich vor dem Krieg im Erdgeschoß des Bibliotheksgebäudes und nach 1945 im erhalten gebliebenen Teil des 29

Westflügels. Heute steht ihr ein Bibliothekssaal – das räumlich verkürzte Abbild des früheren Schlafsaals des Klosters – mit Arbeitsnischen in Form ehemaliger Mönchszellen – zur Verfügung. Zum Bestand gehören eine Reihe kostbarer Handschriften und Frühdrucke.

Die Evangelische Predigerschule, die 1948 in Wittenberg gegründet worden war, bezog 1960 das Laubenganghaus und das Gästehaus des Augustinerklosters. Neuerlich stehen ihr auch Unterrichts- und Internatsräume im Ober- bzw. Dachgeschoß des Dormitoriums zur Verfügung.

An der Predigerschule werden junge Menschen mit abgeschlossener Berufsausbildung in vierjähriger Studienzeit auf den Pfarrdienst vorbereitet.

4. Einzelheiten

Die *Klosterkirche*, deren *Schauseite* mit dem Türmchen nach Norden zeigt, ist eine schlichte, dreischiffige Basilika. Das Langhaus hat über den Dächern der Seitenschiffe keine Obergaden.

Neben dem Portal steht die überlebensgroße *Figur des Augustinus*. Sie stammt, wie auch die Figuren der hl. Katharina, des Apostels Philippus und des Jakobus (rechts) am Turm aus der Zeit um 1440. In die Außenwand des Seitenschiffes ist die Gedenktafel der Familie von Cregenberg (um 1365) eingelassen.

Die *Deckengestaltung* im Inneren mit der hölzernen Spitztonne entspricht seit der Restaurierung im Jahre 1938 wieder dem ursprünglichen Zustand, nachdem bei der neugotischen Gestaltung des Raumes im Jahre 1849 die unteren Seiten des Satteldachs als Sichtflächen herausgestellt worden waren.

An der Westwand des Kirchenschiffes hängt eine *Kreuzigungsdarstellung* (um 1750) des Erfurter Malers Johann Jakob Beck, die in neugotischer Umrahmung von 1854 bis 1936 auf dem Hauptaltar angebracht war. Dadurch, daß der *Altar* wieder auf die schlichte Form der Mensa zurückgeführt worden ist, kommen die drei *farbigen Ostfenster des Chores* voll zur Geltung. Im Mittelfenster sind Szenen aus dem Leben Christi dargestellt. Die beiden anderen Fenster beinhalten Farbteppiche. Auf dem linken Fenster sind Papa-

16. Augustinerklo Gästehaus von der Comthurgasse aus gesehen

30

geien und Löwen dargestellt. In der mittelalterlichen Symbolsprache gilt der Papagei als Zeichen für die Reinheit Mariens, und der Löwe ist das Sinnbild für Christus. Das rechte Fenster weist nur noch im oberen Teil alte Scheiben auf. Es wird angenommen, daß diese drei Chorfenster um das Jahr 1300 entstanden sind. Etwas jünger ist das *Augustinusfenster* an der Nordseite des Chores. Es wurde vom Naumburger Bischof Heinrich (1316–1334) gestiftet und enthält vorzugsweise Szenen aus dem Leben des Kirchenlehrers Augustin. Vorlage für diese Darstellungen waren die »Bekenntnisse«, das autobiographische Werk Augustins.

In den Jahren 1981/83 wurden die mittelalterlichen Chorfenster restauriert und mit einer Schutzverglasung gegen mechanische Zerstörung und chemische Umwelteinflüsse versehen.

Das große *Fenster im Orgelbereich* wurde erst 1947 nach einem Entwurf von Prof. Kirchberger, Weimar, farbig verglast. Es zeigt die Vertreter des Alten Bundes zusammen mit Evangelisten und dem Apostel Paulus.

Die Walcken-*Orgel*, 1938 gebaut und 1950 neu eingerichtet, hat 54 Register und etwa 3700 klingende Pfeifen.

Der siebenseitige spätgotische *Taufstein* stammt aus der zweiten Hälfte des 15. Jh. An der ebenfalls spätgotischen *Sediliennische*, dem Sitz des zelebrierenden Priesters im Chorraum, sind die Miniaturköpfe zu beachten.

In der Kirche befinden sich zahlreiche interessante *Grabsteine*. Im Chorraum links:

Adelheid von Amara († 1298), ältester in Erfurt erhaltener Grabstein mit lateinischer Inschrift

Johannes Lavacensis († 1326) und Ludwig von Marronia († 1323), beide waren Mönche des Erfurter Augustiner-Konvents und später Weihbischöfe in Erfurt

Heinrich von Friemar II. († 1354) Professor der Theologie
Im Chorraum rechts:

Heinrich von Meyningen und Frau († 1382/85)
Vor dem Altar:

Johannes Zachariae († 1428), der Hus-Gegner
Am Taufstein:

32 Dietrich von Brun († 1462) und Margarete Moesen († 1512)

An der Südseite des Chores ist die *Sakristei,* zweigeschossig und mit Kreuzgewölbe, angebaut.

Der *Kreuzgang* ist fast quadratisch und umschließt den ehemaligen Mönchsfriedhof. *Im Kreuzgang* befinden sich weitere bedeutende *Grabsteine:*

Im Ostarm:

Petrus Schedrich († 1546), er war der letzte Abt des Klosters Schulpforta bei Naumburg und trat zur Reformation über

Im Nordarm:

Margaretha und Henno Molhusen (beide † 1499)

Johannes Molsleiben (†1484)

Im Südarm:

Famile Johannes Kreyenberg (um 1408)

Johannes Magnus von Dacheröden († 1650)

Agnesa Catharina von Dacheröden († 1655)

Von beiden existieren noch lebensgroße Gemälde, die sich in der Kirche befinden.

Über die Räume des Dormitoriums und ihre Nutzung wurde schon an anderer Stelle berichtet. Hier soll ergänzend gesagt werden, daß sowohl die *Katharinenkapelle* als auch der *Kapitelsaal* ein Kreuzgewölbe mit je einer achteckigen Mittelsäule haben. Der *Festsaal* besitzt eine Holzdecke.

In der *Katharinenkapelle* befindet sich ein Gemälde aus der ersten Hälfte des 17. Jh., auf dem die Auferstehung Christi und am unteren Rand das Stifterehepaar mit je sechs Söhnen und Töchtern in spanischer Tracht abgebildet sind.

Der *Kapitelsaal* als Gottesdienstraum hat einen Altar und ein Orgelpositiv. Der Wandbehang ist modern.

Zum oberen Stockwerk des Dormitoriums führt die Treppe im Zwischenbau. Dort war einst in voller Nord-Süd-Erstreckung der Schlafsaal der Mönche. An seiner Ost- und Westseite befanden sich je 16 Mönchszellen. Nach dem Brand von 1872 und in letzter Zeit wurde, wie bereits berichtet, viel verändert. Eine der Mönchszellen wird schon seit dem 16. Jh. als *Lutherzelle* gezeigt. Dem im Laufe der Zeit sich ändernden Zeitgeschmack entsprechend, ist ihre Ausgestaltung sehr unterschiedlich gewesen. Die gegenwärtig gezeigte Fassung entstand anläßlich der Lutherfeierlichkeiten des Jahres 1983. Aus den Trümmern des zerstörten *Bibliotheksgebäudes* konnten fast alle *Schlußsteine* der Kreuzrippengewölbe geborgen werden. Fünf von ihnen stehen im Treppenhaus des Zwischenhauses. Auf ihnen sind die Kirchenväter Papst Gregor, Bischof Ambrosius von Mailand, Augustinus, Vulgataübersetzer Hieronymus und das Schweißtuch der Veronika abgebildet. Fünf weitere Schlußsteine sind im Gästehaus in die Wand des Speisesaales eingelassen. Auf ihnen sind u. a. die Wappen von Erfurt (sechsspeichiges Rad) und Mainz (achtspeichiges Rad) dargestellt.

Nicht nur die Nordseite des Klosters mit der Kirche ist für den Betrachter interessant. Es empfiehlt sich auch, den *Weg um das Kloster* zu nehmen und dabei die Verbindung zwischen Augustinerstraße und Comthurgasse zu begehen. Man kommt an der Ostseite des Chores mit seinen drei großen Fenstern vorüber und betritt dann eine enge Gasse. Auf der einen Seite stehen kleine Häuser, und auf der anderen Seite ragt die Klostermauer auf, hinter der sich der Klostergarten verbirgt. Durch einen Torbogen führt der Weg auf die Comthurgasse. Der Anblick der der Comthurgasse zugewandten Seite des Klostergeländes mit dem Gästehaus, der Klostermauer, dem Eingang zur Predigerschule und den über die Mauer schauenden Klostergebäuden ähnelt noch heute sehr dem, wie er sich einst Luther dargeboten hat, als dieser in das Kloster eintrat.

5. Hinweise auf weitere Luthergedenkstätten

— Museum für Stadtgeschichte »Haus zum Stockfisch«, Leninstraße: Universitätsmatrikel mit Eintragung Luthers
— Georgenburse, Augustinerstraße 26a
— Universität: Collegium majus, Michaelisstraße
— Dom und Coelicum: Priesterweihe und Vorlesungshörsaal
— Engelsburg, Allerheiligenstraße: 1537 Aufenthalt bei dem Medizinprofessor Dr. Georg Sturtz
— Michaelis-, Kaufmanns- und Barfüßerkirche als gelegentliche Predigtstätten bei Besuchen in Erfurt
— Gedenkstein an das Gewittererlebnis bei Stotternheim, etwa 10 km nördlich von Erfurt

Predigerkirche und -kloster

1. Kurzcharakteristik

Im Altstadtkern, nur wenige Meter vom Fischmarkt und Rathaus entfernt, liegt die Predigerkirche, die einstige Klosterkirche der Dominikaner.

Als Kirche eines Bettelmönchsordens verzichtet sie auf äußeren Prunk. Diese dreischiffige hallenartige Pfeilerbasilika ist eine der schönsten Bauten der Bettelmönchsarchitektur. Im Inneren beherbergt sie eine große Anzahl von christlichen Kunstschätzen und Grabsteinen sowie eine neue Orgel.

Im Erfurter Predigerkloster wirkte einer der großen Denker des Mittelalters, der Mystiker Meister Eckhart.

Von den ehemaligen Konventsgebäuden steht nur noch der Ostflügel mit einer großen Sakristei, dem Kapitelsaal und dem Refektorium. Im Obergeschoß sind heute der kirchliche Kunstdienst und die kirchlichen Werkstätten untergebracht.

Die Predigerkirche wurde 1559 zur evangelischen Hauptkirche und zur Ratskirche bestimmt. Sie ist seit der Zerstörung der benachbarten Barfüßerkirche die größte evangelische Kirche Erfurts. Daher dient sie oft zentralen Veranstaltungen. In den letzten Jahrzehnten entwickelte sie sich zum Mittelpunkt der Orgelmusikpflege in Erfurt.

Kirche und Klostergebäude sind, beginnend im Jahre 1960, umfassend restauriert worden.

2. Zeittafel

1228/29	Ankunft von Elger von Hohnstein, des ersten Priors des Erfurter Predigerklosters, zusammen mit drei Predigermönchen aus Paris
1230	Weihe des Klosters, einer vermutlich einfachen Behausung
1238	Errichtung eines ersten steinernen Kirchenbaus
vor 1270	Beginn des Baus der heutigen Predigerkirche

1279	Fertigstellung des Chores
1278–1311	Meister Eckhart (mit Unterbrechungen) im Erfurter Predigerkloster
1324	Fertigstellung von Teilen des östlichen Langhauses
1350	Fertigstellung der Klostergebäude
um 1380	Westfassade und Empore im südlichen Langhaus
nach 1400	Lettner
1424–1445	Einwölbung des Langhauses
1447–1488	Anbau des Glockenturms an der Südseite der Kirche
ab 1525	Kirche evangelisch
ab 1559	Bestimmung zur evangelischen Hauptkirche der Stadt
1574	Figürliche und ornamentale Ausmalung der Gewölbe und des übrigen Kircheninneren (spätere Ausmalungen: 1732, 1828, 1894 und 1960)
1588	Übergabe des verlassenen Klosters durch dessen letzten Mönch an die Stadt
1591	Einrichtung einer Knabenschule in den Klostergebäuden durch den Rat der Stadt
1631	Teilnahme Gustav Adolfs an den Gottesdiensten in der Predigerkirche
zwischen 1664 und 1736	Abriß des gesamten Kreuzganges und der Gebäude des Süd- und Westflügels des Klosters
1806–1808	Kirche Gefangenenlager und Heumagazin der französischen Besatzung der Stadt
1808	Wieder Gottesdienst in der Kirche
1826–1827	Umfangreiche Renovierung
19. Jh.	Im Ostflügel der Klostergebäude höhere Töchterschule
1894–1898	Erneute Renovierungsarbeiten
1922	Restaurierung des Chores
1960–1964	Umfassende Restaurierungsarbeiten vor allem im Inneren der Kirche

1976–1979	Instandsetzung des Ostflügels des Klosters
1977	Einbau der neuen Schuke-Orgel
ab 1978	Umfangreiche Bauarbeiten zur Erhaltung der Bausubstanz der Predigerkirche

Seite 39, links:
18. Predigerkirche,
Innenraum
mit Blick zum Chor

3. Nutzungsgeschichte

1216 wird der vom Spanier Dominikus Guzman gegründete Dominikaner- oder Predigerorden bestätigt. Dieser Orden sieht in theologischen Studien, der Bewahrung des reinen Glaubens und in der Volkspredigt seine Hauptaufgabe. Berühmte Kirchenlehrer und Reformer des Mittelalters waren Dominikaner, so Albertus Magnus, Thomas von Aquin und Meister Eckhart.

Die Predigermönche erwarben in Erfurt einen Bauplatz am linken Geraufer gegenüber dem Barfüßerkloster. Bald konnten sie die benachbarten Grundstücke hinzukaufen und ein großes Kloster erbauen. Die erforderlichen Mittel flossen ihnen aus Spenden, Ablässen und durch die Vergabe von Grabstätten für reiche Verstorbene in der Kirche und im Kreuzgang zu.

Das Erfurter Predigerkloster war seit 1303 Sitz des Provinzials der »Ordensprovinz Sachsen«, die von Livland bis nach Holland reichte. Etwa 50 Klöster gehörten dazu. In Erfurt versammelte man sich, um über die Geschicke der weitläufigen Ordensprovinz zu beraten.

Meister Eckhart (1260–1328) weilte von 1278 bis 1298 als Novize, Bruder, Prior und schließlich als Vikar für Thüringen und von 1304 bis 1311 als Ordensprovinzial für Sachsen im Erfurter Predigerkloster. Hier in Erfurt sprach und predigte er zu seinen Mitbrüdern in deutscher Sprache. Seine noch heute erhaltenen Predigten und die »Reden der Unterweisung« sind in Mittelhochdeutsch geschrieben. Ein Zitat aus einer dieser Predigten zeigt uns deutlich die Glaubenshaltung Eckharts: »Entäußere dich deiner selbst und aller Dinge und alles dessen, was du an dir selbst bist, und nimm dich nach dem, was du in Gott bist.«

38

Seite 39, rechts:
19. Predigerkirche,
Blick zur Orgel

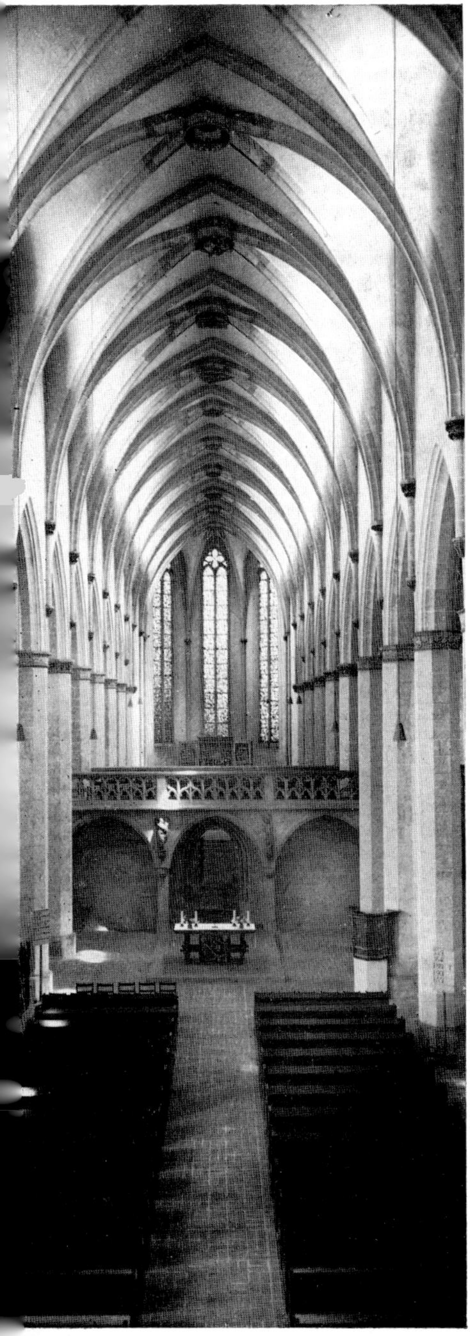

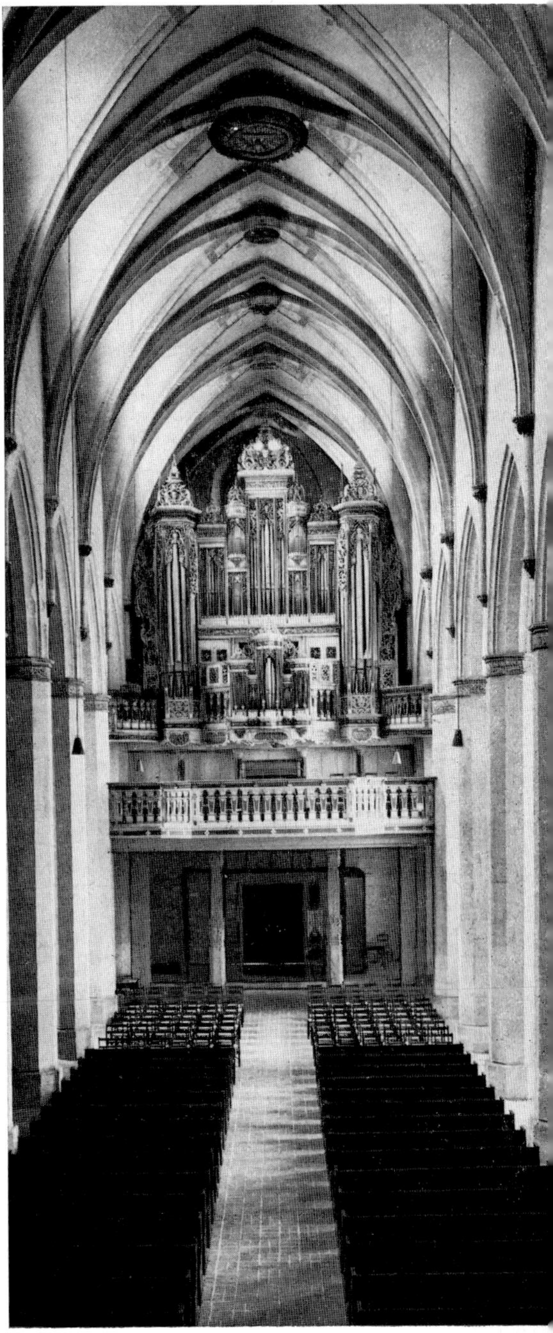

Der aus einer Erfurter Patrizierfamilie stammende, kirchengeschichtlich jedoch völlig unbedeutende Dominikaner Walter Kerlinger wurde 40 Jahre nach dem Tode Meister Eckharts zum Provinzial der Ordensprovinz Sachsen gewählt. Als Generalinquisitor für den mitteldeutschen Raum erhielt er 1372 vom Papst den Auftrag, Bischof Albrecht von Halberstadt zum Widerruf seiner ketzerischen Lehren zu bewegen.

Die Reformation setzte dem Wirken des Dominikanerordens in Erfurt ein Ende. Bereits 1521 predigte Georg Forchheim, ein Freund Luthers und Melanchthons, in dieser Kirche in reformatorischem Geiste. 1530 wurde Johannes Lang (s. Michaeliskirche) an die Predigerkirche berufen, ohne jedoch dort ein Pfarramt zu bekleiden.

Mit der Neuordnung der evangelischen Gemeinden in Erfurt wurde die Predigergemeinde gebildet. Zu ihr gehörten dann die evangelischen Gläubigen der früheren Pfarreien Allerheiligen, Mariä, Pauli, Benedikti sowie Martini intra und extra. Seit 1559 ist die Predigerkirche die evangelische Hauptkirche Erfurts. Sie liegt in der Nähe des Rathauses. Bis 1802 wurden daher in ihr die alljährlichen Ratswechsel mit Gottesdiensten feierlich begangen.

Im 16. Jh. und 17. Jh. wirkten einige über Erfurt hinaus berühmte Theologen an der Predigerkirche. Sie waren oft zugleich Professoren an der damaligen Universität oder Senioren des Evangelischen Ministeriums in Erfurt.

Von ihnen sollen hier genannt werden:

— Johannes Aurifaber (1566–1575 an dieser Kirche). Als Famulus Luthers begleitet er ihn auf den beiden letzten Reisen nach Eisleben und wird dort Zeuge der Todesstunde des Reformators. Er ist der erste Herausgeber der Tischreden Luthers.

— Georg Silberschlag (gest. 1635).

— Johann Matthäus Meyfart (ab 1636 an der Predigerkirche, gest. 1642), der vor allem noch durch sein Lied »Jerusalem, du hochgebaute Stadt« bekannt ist.

— Joachim Justus Breithaupt (von 1687–1691 als Pfarrer an der Predigerkirche, gest. 1732 in Magdeburg). Er vertrat das pietistische Anliegen und setzte sich stark, wenn auch schließlich vergeblich, für das Verbleiben August Hermann Franckes in Erfurt ein.

Im Dreißigjährigen Krieg wurde der Chor bei der Beschießung Erfurts durch die Schweden beschädigt. Wahrscheinlich wurden dabei seine mittelalterlichen Glasfenster zerstört. 1683 fand in der Kirche monatelang kein Gottesdienst statt, da die Pest mehr als die Hälfte der Bevölkerung dahinraffte. Nur zwei Pfarrer waren damals in Erfurt am Leben geblieben. Der Brand von 1736, der die Paulskirche, die Schule und die Pfarrhäuser vernichtete, richtete an der Kirche selbst nur geringen Schaden an. Während der napoleonischen Besatzung diente sie als Gefangenenlager und Heumagazin. Viele wertvolle Plastiken und Gemälde sind als Heizmaterial verwendet worden.

Aber bereits 1811 wurde sie, wie auch die Severikirche und die ehemalige Johanneskirche (s. Johannesturm), von der französischen Verwaltung der Stadt zur Gewinnung von Baumaterial zum Verkauf angeboten. Die unruhigen Zeiten und nach dem Kriege das steigende Interesse an mittelalterlichen Baudenkmälern ließen dieses Vorhaben nicht Wirklichkeit werden. Auch Karl Friedrich Schinkel setzte sich für die Erhaltung von Kirche und Klostergebäude ein.

Restaurierungsarbeiten brachten im 19. Jh. die Schönheit des Raumes wieder zur Geltung. Die verbliebenen kirchen- und kunstgeschichtlich wertvollen Ausstattungsstücke werden seitdem sorgsam gehütet und gepflegt.

Den zweiten Weltkrieg hat die Kirche ohne allzu große Schäden überstanden. Die nach 1960 durchgeführte und vom Staat unterstützte umfangreiche Restaurierung des Kircheninneren und der Räume im Klostergebäude leiteten das Institut für Denkmalpflege Erfurt (G. Kaiser) und Halle (H. Berger) sowie die Architektin Menzel-Jordan und der Kirchenmaler Lewecke.

Im Jahre 1977 erhielt die Kirche eine neue Orgel. Finden doch seit 1950 in den Sommermonaten Orgelkonzerte statt, die sich zu regelmäßigen, thematisch gestalteten Konzertreihen ausgeweitet haben. Es sollte erwähnt werden, daß die Kirchenmusik in der Predigerkirche für Erfurt und den Thüringer Raum auch im 17. und 18. Jh. eine wichtige Rolle

Seite 43, links:
22. Predigerkirche,
Erzengel Gabriel
(um 1358)

Seite 43, rechts:
23. Predigerkirche,
Jungfrau Maria
(um 1358)

Links:
24. Predigerkirche,
Kalvarienberg
(um 1350)

Links:
25. Predigerkirche,
Chorgestühl
(um 1320)

Rechts:
26. Predigerkirche,
Blick vom Lettner
in den Chor

spielte. So war Johann Bach, ein Großonkel von Johann Sebastian Bach, ab 1647 Kantor an der Predigerkirche. Zugleich war er Direktor der »Ratsmusik«. Johann Pachelbel amtierte von 1678 bis 1690 als Organist an dieser Kirche und übte einen großen Einfluß auf das Musikschaffen in Thüringen aus. Nach ihm wirkten sein Schüler Heinrich Buttstedt von 1691 bis 1721 und Jakob Adelung von 1727 bis 1762 an der Predigerkirche. Johann Christian Kittel, der letzte Schüler Johann Sebastian Bachs, war hier tätig. Er bildete viele Thüringer Kantoren aus und gab in den Jahren 1801 bis 1808 sein dreibändiges Lehrbuch für Orgelspiel heraus.

Seit der Zerstörung der Barfüßerkirche ist die Predigerkirche das größte evangelische Gotteshaus in Erfurt. Daher eignet sie sich besonders gut für große kirchliche Veranstaltungen wie Kirchentage und ökumenische Gottesdienste.

Intensiv genutzt wird der verbliebene Flügel des Predigerklosters. Im Erdgeschoß hat die Predigergemeinde einen großen Gemeindesaal und im Refektorium ihre Winterkirche mit einer kleinen Orgel.

Der große Kapitelsaal, 1978 restauriert, ist Ausstellungsraum des kirchlichen Kunstdienstes. In der oberen Etage des Klosters befinden sich die kirchlichen Werkstätten. In den einzelnen Abteilungen, dazu gehören die Holzwerkstatt, die Malereiwerkstatt, die Kunstglaserei und die Paramentik, wird kirchliches Kunstgut restauriert und auch gefertigt. Die Bauabteilung führt Werterhaltungsmaßnahmen an kirchlichen Gebäuden durch. Die Bauabteilung ist am und im Turm der ehemaligen Paulskirche gegenüber der Westseite der Predigerkirche untergebracht. Dieser Turm dient der Predigerkirche als Hauptglockenturm (s. Paulsturm).

Zur Predigergemeinde gehört noch ein anderes kirchliches Bauwerk. Es handelt sich um die 1952 in der Cyriakssiedlung in der Nähe des heutigen iga-Eingangs erbaute Cyriakskapelle, ein Holztypenbau des Architekten Otto Bartning. Sie war ursprünglich Gottesdienst- und Gemeinderaum für den in Erfurt-West gelegenen Außenbezirk der Predigergemeinde. Heute dient sie vor allem als Christenlehreraum und als Zentrum gemeindlicher Veranstaltungen der gesamten

48

29. Predigerkirche, Hochaltar, geöffneter Schrein (1492)

30. Predigerkirche, Grabplatte des Johannes Aurifaber (gest. 1575)

Seiten 46, 47:
27./28. Predigerkir[che]
Hochaltar,
Tafelbilder
der 2. Schauseite
(1492)

Predigergemeinde. Solche Holzkirchen wurden als Notkirchen um das Jahr 1950 in stark vom Krieg heimgesuchten Städten errichtet. So finden sie sich in Dresden, Karl-Marx-Stadt, Wismar und Leipzig.

4. Beschreibung von Einzelheiten

Die Predigerkirche ist eine dreischiffige Basilika, deren Mittelschiff einen fünfseitigen Chorabschluß hat. Der Haupteingang zur Kirche befindet sich an der Westseite. Beherrschend ist das Portal mit dem großen darüberliegenden gotischen Fenster.

Der Innenraum ist etwa 75 m lang. Er war von vornherein für viele Menschen gedacht, die dem Prediger zuhören wollten. Ein Lettner trennt die Mönchskirche, den Chor, von der Laienkirche. Die beiden langen Reihen der schmalen achteckigen Pfeiler lenken den Blick zugleich in die Tiefe des Raumes wie in die Höhe. Das durch die Obergaden einfallende Licht gibt dem Gewölbe etwas Schwebendes.

Die Einwölbung ist durch Stiftungen verschiedener Handwerkszünfte und Erfurter Familien finanziert worden. Zu erkennen sind auf den Schlußsteinen u. a. die Wappen der Familien Longus und Rosenzweig, der Grafen von Schwarzburg, der Bruderschaft der städtischen Söldner und der Handwerksinnungen der Fleischer, Hutmacher, Böttcher, Zimmerleute, Goldschmiede, Schneider und Bäcker. Die Gewölbe waren einst, wie an wenigen Stellen noch sichtbar, mit Rankenwerk ausgemalt.

Von der Compenius-*Orgel* aus dem Jahre 1648 ist nur noch der beeindruckende Orgelprospekt erhalten. Dieser Prospekt wurde der gestalterische Ausgangspunkt für den Aufbau der Schuke-Orgel von 1977.

Dennoch ist das Klangbild der neuen Orgel nicht mehr ausschließlich auf die Barockzeit orientiert. Mit ihr kann ebenso romantische und zeitgenössische Orgelmusik stilgerecht wiedergegeben werden. Die vom Kirchenmusiker und Orgelfachmann gemeinsam konzipierte Orgel der Predigerkirche war richtungsweisend für den Bau der Orgel im neuen Gewandhaus zu Leipzig.

50 — Das schmiedeeiserne Gitter um den *Taufstein* herum

31. Ansicht des Ostflügels des Predigerklosters um 1850 (Lithographie aus: »Hartungsche Häuserchronik«)

32. Refektorium des Predigerklosters, heute Winterkirche der Predigergemeinde

51

wurde 1646 gestiftet und von Hans Schültes und Daniel Reichart gearbeitet.

— Aus jüngster Zeit stammen der schlichte *Altartisch* samt Kreuz und Leuchter wie auch die Bänke und Stühle im Kirchenschiff.

— Nach 1400 wurde der *Lettner* errichtet; seine Brüstung ist eine Ergänzung aus dem Ende des 19. Jahrhunderts. Die Figuren rechts und links vom Mittelportal des Lettners bilden zusammen eine Verkündigungsgruppe (nach Luk. 1, 26 ff.), links der Erzengel Gabriel, rechts die Jungfrau Maria. Geschaffen wurden beide Skulpturen um 1358 durch den namentlich nicht bekannten »Meister der Cinna von Vargula« (s. Barfüßerkirche). Neben der südlichen Lettnerpforte befindet sich das Relief »Anbetung der Könige«, ein Teil eines nicht mehr erhaltenen Schnitzaltars, um 1520 entstanden.

— Hinter dem Lettner ist im Chorraum die eigentliche Mönchskirche noch einmal durch *Chorschranken* gegen die Laienkirche hin abgeteilt. Hier befindet sich links eine vielfigurige Kreuzigungsdarstellung, der »*Kalvarienberg*«. Es handelt sich um eines der ältesten Tafelgemälde Erfurts und ist um 1350 von der Familie Longus gestiftet worden, die mit dem Bau der Predigerkirche eng verbunden ist. Neben Jesus sehen wir die beiden, etwas kleiner dargestellten gekreuzigten Schächer, deren Seelen links ein Engel, rechts ein Teufel in Empfang nehmen. Unter dem Kreuz Maria und Johannes. Am unteren Rand die knienden Mitglieder der Stifterfamilie.
Rechts an den Chorschranken: Maria mit dem Kinde, ebenfalls um 1350 geschaffen. Auffallend der Kontrast zwischen der Lieblichkeit der Maria und der koboldhaften Gestalt des Jesuskindes.

— Das eichene *Chorgestühl* ist um 1320 entstanden. Es ist 40 Jahre älter als das entsprechende, reich geschnitzte Gestühl im Dom.

— Der *Messingkronleuchter* wurde 1647 von Eduard Bode als Kirchenbuße gestiftet.

— Der doppelflügelige *Schnitzaltar* hat ursprünglich in der Paulskirche gestanden. Erst mit oder nach der Reformation ist er in die Predigerkirche umgesetzt worden. Laut Inschrift hat ihn 1492 Linhardt Koenbergk geschaffen, zumindest gilt das von den Tafelbildern. Ob auch die Schnitzerei auf ihn oder seine Werkstatt zurückgeht, ist nicht geklärt.

Geschlossen zeigt der Altar auf zwei Bildtafeln die Apostel Paulus und Petrus, letzterer mit allen Würdezeichen eines Papstes ausgestattet.

Bei geöffneten Außenflügeln erscheinen 8 Tafelbilder mit Szenen vorwiegend aus der Passionsgeschichte.

Obere Reihe: Abendmahl, Gebet in Gethsemane, Geißelung, Dornenkrönung.

Untere Reihe: Kreuzabnahme, Grablegung, Himmelfahrt Jesu, Himmelfahrt Mariens.

Einige Bilder des Zyklus erinnern in der Komposition und in der Gruppierung der Figuren an Arbeiten Martin Schongauers.

Im geöffneten Zustand: Im Mittelteil eine nachträglich an Stelle einer Marienkrönung eingefügte Beweinung Christi, flankiert von den großen Figuren des Paulus und Petrus. Auf den Seitenflügeln – ebenfalls in Reliefschnitzerei auf Goldgrund –: Geburt Jesu, Darstellung im Tempel, Auferstehung und Himmelfahrt.

— Rückseitig an den Altar ist (etwa um 1450) ein *Sakramentshaus* angebaut, zu dem eine Treppe hinaufführt.

— In die Südwand neben dem Altar eingelassen, befindet sich eine Sitznische (Sediliennische) für die im Gottesdienst amtierenden Priester. Darüber ein Fresko »Tod Mariens« (um 1320):

Maria auf dem Sterbebett, umgeben von den trauernden Aposteln, hinter ihr hält Christus ihre Seele (in der Gestalt eines Kindes) auf dem Arm.

— Das nördliche Seitenschiff des Chorraums enthält Fenster mit Resten der mittelalterlichen Verglasung. Sie geben mit ihrer teppichartigen Ornamentik ein Beispiel dafür, wie der größte Teil der Fenster einmal ausgesehen haben mag.

— Die Kirche enthält eine Fülle von *Grabsteinen* und *Epitaphien,* von denen nur einige erwähnt seien:

— Die älteste Grabplatte ist dem 1345 gestorbenen Dominikanermönch Günther von Schwarzburg gewidmet.

— Der Grabstein für Theoderich von Lichtenhayn ist im Jahre 1366 vom gleichen Bildhauer geschaffen, auf den die beiden Figuren der Verkündigungsgruppe am Lettner zurückgehen.

— Auf der Reliefplatte mit dem Gebet Jesu in Gethsemane vom Jahre 1484 hat sich u. a. der Künstler Johann Wydemann selbst dargestellt.

— Im Chorraum stehen die Grabplatten der beiden evangelischen Senioren Johann Aurifaber (gest. 1575) und Georg Silberschlag (gest. 1635).
Der Bildhauer dieses letztgenannten Steins mit der ausdrucksstarken Porträtdarstellung ist in der Predigerkirche noch mit zwei weiteren Werken, Grabsteinen für die Familie Burchard, vertreten.

— Bei der jüngsten Restaurierung wieder aufgefunden und an der Südwand aufgestellt worden ist der Grabstein für den damaligen Universitätsrektor Dr. med. Georg Sturtz (gest. 1548). Er war in seinem Haus, der »Engelsburg«, Gastgeber des Erfurter Humanistenkreises und hat auch gelegentlich Martin Luther ärztlich behandelt.

— Schließlich sei nur noch das Epitaph des Oberst-Ratsmeisters Jakob Naffzer von 1588 erwähnt. Israel von der Milla, der auch den Roland auf dem Fischmarkt schuf, hat es mit seinen Reliefs zu Lebensstationen Christi, flankiert vom Stifter und seiner Ehefrau, gearbeitet.

— Der sonst schmucklose Remter enthält einige schöne Schlußsteine und ein ausdrucksstarkes *Kruzifix*, das Wilhelm Groß nach 1945 schuf.

— Außerhalb der Kirche erinnert vor der nördlichen Langseite ein kleiner Brunnen an die Beziehungen des Schwedenkönigs Gustav Adolf zur Predigerkirche. Dieses Denkmal wurde 1911 aufgestellt.
An einem Haus gegenüber der Kirche (Predigerstraße Nr. 10) befindet sich eine Gedenktafel zur Gründung des »Evangelischen Bundes zur Wahrung deutsch-protestantischer Interessen« im Jahre 1886.

Ehemalige Barfüßerkirche

1. Kurzcharakteristik

Von der hochgotischen Klosterkirche sind seit der Zerstörung im zweiten Weltkrieg nur die Ruine des Langhauses sowie der Chor mit der angebauten Kapelle der Patrizierfamilie von der Sachsen erhalten geblieben. Vor der Zerstörung gehörte die dreischiffige Pfeilerbasilika mit ihren sechs Jochen zu den bedeutendsten Sakralbauten Erfurts.

Sie befindet sich im Stadtzentrum am rechten Geraufer gegenüber der auf der anderen Seite des Flusses gelegenen Predigerkirche. Vom Anger führt die Weitergasse auf den Chor zu, der diese architektonisch abschließt.

Die Gründung des Erfurter Konvents der Franziskaner, man nannte sie auch »Barfüßer«, erfolgte in der ersten Hälfte des 13. Jh. Seit der Reformation war die Kirche evangelische Gottesdienststätte. 1977 wurde sie dem Rat der Stadt übergeben, der darin ein Museum für mittelalterliche Kunst einrichtete. Die christlichen Kunstwerke verblieben dort als kirchliche Leihgabe. Dazu zählen die ältesten mittelalterlichen Glasfenster Erfurts.

2. Zeittafel

1224	Niederlassung der Franziskaner in Erfurt
1231	Erster Kirchen- und Klosterbau wahrscheinlich weitgehend beendet
1291	Beschädigung des Klosters durch Stadtbrand, anschließend Neubau
1316	Weihe des Chores
1316-Anf. 15. Jh.	Errichtung des Langhauses, seit Ende 14. Jh. Einwölbung
um 1400	Turmbau
1454	Wiederherstellung der Klostergebäude
ab 1525	Kirche evangelisch
1529	Luther predigt auf der Rückreise von Marburg in der Barfüßerkirche (11. 10.)

55

1641–1648	Abbruch der Klostergebäude durch die Schweden für den Festungsbau
1842–1852	Wiederaufbau des Langhauses und Restaurierung der gesamten Kirche (Wiedereinweihung nach Hartung schon 24. 9. 1850)
1944	Zerstörung des Langhauses und schwere Beschädigung des Chores durch Luftmine (26. 11.)
1957	Wiederaufnahme des Gottesdienstes im Chor
1977	Übergabe der Kirche an den Rat der Stadt

33. Barfüßerkirche vor der Zerstörung im 2. Weltkrieg

3. Nutzungsgeschichte

Der Franziskanerorden wurde im Jahre 1206 von Franz von Assisi in Italien gegründet. Er ist der älteste Bettelmönchsorden. Mit ihm und den anderen Bettelmönchsorden suchte die Kirche ihren Einfluß auf die städtische Armut wieder zu festigen. 1223 waren die Ordensregeln endgültig fixiert und vom Papst bestätigt worden. Damit war es den Mönchen erlaubt, ihren Lebensunterhalt durch Betteln statt durch Arbeit zu bestreiten. Armut und Demut standen im Zentrum dieser Regeln. Das Ziel dieses Ordens, dem Volk das Evangelium zu predigen, war auch das der anderen großen Bettelmönchsorden, die sich in Erfurt niedergelassen hatten.

Die Franziskaner kamen als erste Bettelmönche nach Erfurt. Anfangs durften sie sich nur vor der Stadt und dann im gerade freistehenden Hospital zum Hl. Geist niederlassen. Schließlich erhielten sie vom Vitzthum von Apolda ein Grundstück an der Gera zum Bau eines Klosters zugewiesen. Dieses erste Kloster mag ein verhältnismäßig bescheidener Bau gewesen sein, ganz der Geisteshaltung des Ordens entsprechend. Doch die Kirche, davon zeugen die baulichen, 1944 zutage getretenen Reste, war sicherlich schon sehr bedeutend. Wurden doch auch die farbigen Glasscheiben in den Nachfolgebau übernommen.

Im Jahre 1291 zerstörte ein Brand weite Teile der Stadt und beschädigte dabei auch das Barfüßerkloster. Dieses Ereignis und der Wunsch nach einer größeren und repräsentativeren

Bombenangriff am 26. November 1944. Durch eine Luftmine wurde dabei auch die reizvolle Wohnbebauung südlich der Kirche zerstört.

37. Chor der Barfüßerkirche, Innenansicht (Zustand 1977)

Ein kirchlicher Bautrupp führte die Aufräumungsarbeiten durch. Mit ausschließlich staatlichen Mitteln konnten der Chor instand gesetzt und die Langhausruine gesichert werden. Der Chor erhielt ein Schindeldach.

Ab Himmelfahrtstag 1957 wurde im Chor wieder Gottesdienst gehalten. 1960 erfolgte der Einbau einer Schuke-Orgel. Die Barfüßergemeinde, eine reine Innenstadtgemeinde, schrumpfte schon durch den Bevölkerungsrückgang in diesem Stadtgebiet. Daher wurde sie 1977 mit der benachbarten Predigergemeinde vereinigt. Der letzte feierliche Gottesdienst der Barfüßergemeinde fand am 27. März 1977 statt. In Vorbereitung auf die Einrichtung eines Museums für mittelalterliche Kunst ließ der Rat der Stadt den Chor mit Kupfer decken.

Auch in ihrer neuen Nutzung bleibt die Barfüßerkirche Zeuge der Vergangenheit, Mahnmal für die Zukunft und Ort der Besinnung.

4. Beschreibung von Einzelheiten

Selbst als Ruine ist das *Langhaus* sehr eindrucksvoll. Der polygonale *Chor* mit seinen 13 hohen Fenstern erscheint uns heute sehr hell. Einst war er vom mystischen Licht der farbigen Glasfenster durchdrungen.

Der Glockenturm ist dem der Augustinerkirche sehr ähnlich. Klein und zierlich, war er für die Aufgabe, ein großes und weithin tragendes Geläut aufzunehmen, ungeeignet. Deshalb erhielt die Barfüßerkirche, als sie Gemeindekirche wurde, den Turm der ehemaligen Bartholomäuskirche (s. Bartholomäusturm) zugeordnet.

Im Chor und in der Kapelle »v. d. Sachsen« befinden sich zahlreiche bedeutende Kunstwerke, die nachfolgend genannt werden sollen.

Die *farbigen Glasscheiben,* im Kriege ausgelagert, wurden im Jahre 1966 nach erfolgter Restaurierung und Schutzverglasung wieder in die Chorfenster eingebaut. Es handelt sich

um die Reste von drei großen Fenstern der ersten Barfüßerkirche in Erfurt, die in den Nachfolgebau übernommen worden sind. Sie entstanden um 1230/35. Dargestellt sind Szenen aus der Passion Christi und dem Leben des hl. Franziskus. Die Tätigkeit der Meister dieser Glasfenster ist auch in Assisi nachweisbar. Es wird angenommen, daß es sich hier um die älteste Darstellung der Franziskuslegende in der bildenden Kunst handelt. Später entstandene Scheiben setzen die christologische Thematik fort. Die Darstellungen tragen oft symbolischen Charakter.

Der *Hochaltar* ist einer der vier bedeutendsten Schnitzaltäre in Erfurt. Er wurde 1445 in der Bartholomäuskirche aufgestellt und von dort 1571 in die Barfüßerkirche gebracht. Der Mittelschrein zeigt die Marienkrönung durch Christus, Szenen aus dem Leben Jesu und die Ausgießung des Heiligen Geistes. Die Seitenschreine enthalten Apostel- und Heiligenfiguren. Auf den Altarflügeln sind Heilige und Apostel abgebildet.

Die *Grabsteine* der Cinna von Vargula (1730) und des Weihbischofs Albert von Beichlingen (1371) stammen vom bedeutendsten Bildhauer, der je in Erfurt lebte. Sein Name ist uns nicht überliefert.

Im Chor und in der Kapelle »v. d. Sachsen« befinden sich *weitere Kunstwerke,* die hier nur aufgezählt werden: Grabsteine, Reliefs, der Taufstein, Plastiken – so die Franziskusstatue aus der Zeit um 1316, Schlußsteine des zerstörten Langhausgewölbes und der Färberaltar.

Bereits seit Jahrzehnten sind zahlreiche Kunstwerke aus der Barfüßerkirche im Erfurter Angermuseum ausgestellt. Dort hängt aber auch ein Bild von Lyonel Feininger, das in expressionistisch-kubistischer Malweise den Blick durch die Weitergasse auf den Chor der Barfüßerkirche lenkt.

Seite 64, links:
38. Barfüßerkirche, Grabplatte des Weihbischofs Albert von Beichlingen (gest. 1371)

Seite 64, rechts:
39. Barfüßerkirche, Grabplatte der Cinna von Vargula (gest. 1370)

Seite 65
40. Schlußstein, gestiftet von der Färberinnung (um 1400), ehemals südliches Seitenschiff

Thomaskirche

1. Kurzcharakteristik

Die im Jahre 1902 in gotisierenden Stilformen errichtete Thomaskirche befindet sich in einer Grünanlage an der Schillerstraße. Kirche, Pfarrhaus, Grünanlage und das gegenüberliegende Schulgebäude bilden ein städtebauliches Ensemble. Sie ist die Nachfolgerin der kleinen, mittelalterlichen Thomaskirche, die weiter stadteinwärts an der Löberstraße, Ecke Rosengasse stand und damals abgebrochen worden ist. Die neue Thomaskirche, im zweiten Weltkrieg zerstört, konnte im Jahre 1950 wieder eingeweiht werden.

Durch ihre Größe, bis zu 2000 Besucher finden in ihr Platz, spielt sie im kirchlichen Leben Erfurts eine bedeutende Rolle für übergemeindliche Veranstaltungen. Hierbei handelt es sich insbesondere um große kirchenmusikalische Aufführungen. Der aus der alten Thomaskirche übernommene spätgotische Flügelaltar ist der wertvollste Teil der heutigen Innenausstattung.

2. Zeittafel

Alte Thomaskirche

1282	Erste urkundliche Erwähnung einer Thomaskirche
um 1445	Fertigstellung des noch heute erhaltenen spätgotischen Schnitzaltars
1525	Justus Menius, einer der Reformatoren in Thüringen, Pfarrer an der Thomaskirche
1689	Johann Christoph Bach, ältester Bruder von J. S. Bach, kurze Zeit Organist
1702–1707	Johann Gottfried Walther Organist
1902	Abbruch der Kirche

Neue Thomaskirche

1900	Grundsteinlegung
1902	Einweihung (15. 6.)
1945	Durch Bomben zerstört (31. 3.)
1950	Wiedereinweihung (24. 9.)
1983	Beginn einer umfassenden Restaurierung

3. Nutzungsgeschichte

Links oben:
41. Alte Thomaskirche, vor dem Abbruch
(Foto von 1880)

Rechts oben:
42. Thomaskirche, Ostfassade
(Zustand 1983)

Die alte Thomaskirche war die Gemeindekirche der mittelalterlichen Löbervorstadt. Diese lag wie alle Vorstädte Erfurts zwischen der inneren und äußeren Stadtmauer und erstreckte sich von der heutigen Bahnhofstraße im Osten bis zum ehemaligen Kartäuserkloster im Westen.

Von den Vorstädten konnte sich nur die Löbervorstadt zu einer selbständigen Gemeinde mit eigener Kirche entwickeln. Sie war aber die ärmste und kleinste Gemeinde Erfurts. Vor Beginn der Reformation zählte sie etwa 300 Gemeindeglieder bzw. 60 Haushalte. Die Bewohner arbeiteten in jener Zeit vor allem als Tagelöhner, Träger, Straßenhändler und Abdecker, sie standen auf der untersten sozialen Stufe.

1282 wird die Thomaskirche erstmals urkundlich erwähnt. Bischof Albert von Beichlingen, dessen kunstgeschichtlich bedeutendes Grabmal sich in der Barfüßerkirche befindet, weiht als Vertreter des Erzbischofs von Mainz 1348 einen steinernen Altar. Weiheurkunde und Reliquien sind bis heute erhalten.

Etwa 100 Jahre später wird der kostbare Schnitzaltar aufgestellt, der sich im Altarraum der heutigen Thomaskirche befindet. Die Gemeinde hat sich diesen Altar keineswegs aus eigenen Mitteln beschaffen können. Es wird vermutet, daß ihn Dietrich I., Erzbischof von Mainz und Stadtherr von Erfurt, im Jahre 1440 für die Thomasgemeinde in Auftrag gegeben hat. Der Schutzpatron dieser Kirche, der Apostel Thomas, ist in einem Feld dieses Schnitzaltars und auf einem aus derselben Zeit stammenden Steinrelief dargestellt. Auch das Relief ist im heutigen Altarraum angebracht. Der an der Auferstehung Christi zweifelnde Thomas nähert sich auf diesen beiden Darstellungen Christus mit einer nach der Seitenwunde des Heilands tastenden Hand. Christus betont mit seiner Gestik die Worte: »Selig sind, die nicht sehen und doch glauben« (Joh. 20, 29).

Zur Zeit des Bauernkrieges standen die Vorstädte ganz auf der Seite der aufständischen Bauern. Auf Veranlassung des Rates der Stadt nahm Justus Menius als erster evangelischer Pfarrer der Thomasgemeinde seinen Dienst auf. Menius hatte

43. Thomaskirche nach dem Bombenangriff 1945

68

in Erfurt und bei Melanchthon in Wittenberg studiert. Während seiner Erfurter Studienzeit gehörte er zum Kreis der Humanisten.

In den Jahren 1525 bis 1528 kämpfte Menius in Wort und Schrift für die Durchsetzung der Reformation in Erfurt, was für ihn insofern sehr aufreibend war, als sich der Rat der Stadt nach der verlorenen Schlacht bei Frankenhausen mit Rücksicht auf die Territorialfürsten von Mainz und Sachsen im Kirchenstreit weitgehend neutral verhielt.

1528 mußte Menius, als »Störenfried« bezeichnet, Erfurt verlassen. Ab 1529 war er Superintendent in Eisenach und arbeitete in dieser Zeit im Auftrag des Kurfürsten von Sachsen (Johann der Beständige) an der Neuordnung des lutherischen Kirchenwesens im Thüringer Raum. Das brachte ihm später die Bezeichnung »Reformator Thüringens« ein.

Zu Beginn des Dreißigjährigen Krieges ermittelte man für die Thomasgemeinde etwa 650 Einwohner. Um 1800 wohnten 700 Menschen dort. Dann tritt im 19. Jh. für die Thomasgemeinde ein großer Wandel ein.

Ab 1873 ist Erfurt keine Festung mehr. Nun kann sich die Stadt nach allen Seiten hin ausdehnen. Im Süden, angrenzend an den bisherigen Bereich der Thomasgemeinde, entsteht vor allem ab 1890 ein großes Wohngebiet. Dort lassen sich vorzugsweise wohlhabende Bürger nieder.

Die kleine Thomaskirche genügt nun durch Lage, Größe und Ausstattung nicht mehr den gewachsenen Ansprüchen. Eine neue, große Kirche wird nach Entwürfen des Architekten Hillebrand errichtet. Sie ist die einzige seit dem 18. Jh. im damaligen Stadtgebiet von Erfurt errichtete Kirche. 1944 durch Bomben beschädigt und 1945 fast völlig zerstört, konnte sie bis 1950 dank umfangreicher Spenden wieder aufgebaut werden. Im Innenraum ist sie jetzt viel schlichter gehalten.

4. Beschreibung von Einzelheiten

Die *Kanzel* befindet sich in der wiederaufgebauten Thomaskirche hinter dem Altartisch in der Mittelachse der Kirche, ähnlich wie in der 1927 erbauten Lutherkirche. Dahinter hat der *Schnitzaltar* aus der alten Thomaskirche wieder den ihm

72

Rechts:
46. Thomaskirche, Innenraum nach dem Wiederaufbau (Zustand 1950)

Seite 70:
44. Thomaskirche, Altarraum vor der Zerstörung (Zustand 1927)

Seite 71:
45. Zerstörte Thomaskirche mit Blick auf die Orgelempore

entsprechenden Platz gefunden und steht im Blickfeld der Gemeinde. Er wurde nämlich nach dem Abbruch der alten Thomaskirche im Kirchsaal aufgestellt und im zweiten Weltkrieg in die Büßleber Kirche ausgelagert. Er zeigt im Mittelfeld Maria, gekrönt und ihren Sohn anbetend. Die dritte Plastik, Gottvater, ist nicht mehr erhalten. Die obere Figurenreihe wird zu einem Teil von Aposteln und die untere vorzugsweise von Märtyrern gebildet. In der oberen Reihe rechts neben dem Mittelfeld ist die Begegnung des Thomas mit Christus dargestellt.

Die Flügel lassen sich zur Zeit nicht schließen. Sie tragen auf ihrer Rückseite beschädigte Gemälde mit Szenen aus der Passion Christi, so die Gefangennahme und Dornenkrönung (links) und die Geißelung und Kreuzigung (rechts).

Das *mittelalterliche Steinrelief* im Altarraum, den Apostel Thomas zeigend, wurde bereits erwähnt. Im oberen Teil des Altarraums befindet sich die Darstellung des *Auferstandenen,* ein Werk des Bildhauers Hans Walther (1952). *Taufbecken und -deckel* sowie das *Kruzifix* auf dem Altar schuf 1955/57 der Erfurter Helmut Griese. Die *Glasfenster* in der Kirche und in der hinter dem Altarraum gelegenen *Kapelle* wurden 1956 eingebaut. Sie entstanden nach Entwürfen von Karl Völker, Halle.

Die *Orgel* (1950/52) stammt von der Firma Schuke. An der Nordseite der Kirche, also ebenfalls hinter dem Altarraum, liegt der *Kirchsaal.* Er wird vor allem als Winterkirche benutzt.

Reglerkirche

1. Kurzcharakteristik

Die zweitürmige, mittelalterliche Stiftskirche liegt in der Bahnhofstraße in der Nähe des Angers. Die der Straße zugewandte Turmfront weist noch romanische Bauteile aus dem 12. Jh., wie den Südturm und das Portal, auf. Langhaus und Chor sind gotisch, trotz der romanischen Obergaden, die wohl aus dem älteren Bau übernommen worden sind.

Im Mittelalter lebten hier die Regulierten Augustiner-Chorherren, daher der Name Reglerkirche. Im Bauernkrieg wurde die Kirche evangelische Gemeindekirche.

Im Innern gründlich renoviert, dient sie schon durch ihre zentrale Lage ganzjährig sehr vielen übergemeindlichen Veranstaltungen.

Die Reglerkirche ist ein Zentrum der Kirchenmusik in Erfurt. Besonders beachtenswert ist der spätgotische Flügelaltar mit seinen wertvollen Bildtafeln.

2. Zeittafel

1117	Enstehung des Stiftes aus einer Spitalniederlassung
12. Jh.	Bau der romanischen Kirche
1228	Stiftsgebäude erwähnt
1238	Romanische Kirche fertiggestellt
13. Jh.	Einrichtung einer Hohen Schule im Reglerstift
1291	Nach Stadtbrand Neubau des Langhauses
Mitte 15. Jh.	Bau des heutigen Chores
um 1460	Entstehung des »Regleraltars«
1525	Kirche evangelisch
1604	Kaiserlicher Entscheid: Stiftsgebäude verbleiben in katholischem Besitz
1615–1660	Jesuitenkolleg in den Stiftsgebäuden
1660	Vernichtung der Stiftsgebäude durch Brand

49. Reglerkirche, Ansicht von der Bahnhofstraße

Links:
50. Reglerkirche,
Blick von der
Orgelempore
ins Kirchenschiff
und zum Chor

Rechts:
51. Regleraltar
(um 1460),
geöffneter Schrein

1743	Neubau des Nordturmes mit barocker Haube	52. Regleraltar, Geißelung, Tafelbild der 2. Schauseite
1813 u. 1845	Schließung der baufälligen Kirche	
1857–1860	Grundhafte Restaurierung der Kirche	
1887	Der romanische Südturm instand gesetzt; wird dabei teilweise neu aufgeführt	
1960–1973	Restaurierung der Kirche, Wiedereinweihung am 20. Mai 1973	

3. Nutzungsgeschichte

Die Augustiner-Chorherren, Weltgeistliche, die sich zu einer den Mönchsorden ähnlichen Vereinigung zusammengeschlossen hatten, gründeten zu Beginn des 12. Jh. in Erfurt eine Niederlassung. Sie lebten nach einer auf den Kirchenvater Augustinus (354–430) zurückgeführten Klerikerregel. Diese Regel umschloß die praktische Nächstenliebe an Pilgern und Bedürftigen sowie den Seelsorgedienst. Daher war ihre Niederlassung in Erfurt zu Anfang mit dem Allerheiligen-Hospital verbunden, und ihre Stiftskirche war zugleich Pfarrkirche. Im 13. Jh. richteten die Chorherren im Stift eine Hohe Schule ein, wie sie auch in den beiden anderen Stiften, dem Marienstift und dem Severistift, bestand.

Das Augustiner-Chorherren-Stift wurde im 12. Jh. in der Gegend südlich des Angers errichtet, als die städtische Besiedlung dieser Gegend begann. Die neue Stadtmauer (von 1168) begrenzte das Stiftsgelände im Süden. Reste der Mauer sind im Garten des Reglerpfarrhauses zu sehen. Das nach dem Stift benannte (spätere innere) Augusttor lag unmittelbar neben dem Stift in der August(ins)gasse, der heutigen Bahnhofstraße. Die einst in der Augustgasse befindlichen Kapellen St. Gangolf und St. Alban sowie die Matthäuskapelle in der Augustvorstadt gehörten zum Stift. An der Kirche der ebenfalls sehr vermögenden Lorenzgemeinde hatte das Reglerstift seit 1318 Patronatsrechte.

Die Augustgemeinde umfaßte den Bereich der Augustgasse und die Vorstadt vor dem inneren Augusttor. Sie war zu Beginn der Reformation die größte Erfurter Gemeinde,

53. Reglerkirche, Steinrelief: Der leidende Christus mit Marterwerkzeugen

81

bestand aber größtenteils nur aus armer Bevölkerung. Vor allem Tagelöhner wohnten dort. Kein Wunder also, wenn das Stift im Bauernkrieg von der Vorstadtbevölkerung gestürmt wurde. Der Rat der Stadt löste 1525 Kirche und Gemeinde vom Reglerstift.

Seit dem 19. Jh. heißt die Augustgemeinde offiziell »Reglergemeinde«. Die Johannesgemeinde, die seit der Reformation die Kirche des Augustinerklosters als Pfarrkirche besitzt, nimmt nun den Namen »Augustinergemeinde« an, wie sie in der volkstümlichen Bezeichnung schon seit langem genannt wurde (s. Augustinerkirche und Johannesturm). In der säkularisierten Gangolfkapelle wurde 1540 eine Gemeindeschule eröffnet, wie sie Luther als reformatorische Maßnahme bereits im Jahre 1524 dringend für jede Gemeinde gefordert hatte.

Das Stift bestand noch bis 1580, als der letzte Chorherr verstarb. Der Reglergemeinde gelang es nicht, in den Besitz der Gebäude und Liegenschaften des Stiftes zu kommen, was für die wenig bemittelte Stadtrandgemeinde bedauerlich war. Zu Beginn des 17. Jh. wird das Stift den Jesuiten zugesprochen, die hier das erste katholische Gymnasium Erfurts einrichten. 1660 brannten die Stiftsgebäude ab.

Im 18. Jh. wirkten bedeutende Persönlichkeiten an der Reglerkirche. So war hier Heinrich Buttstädt von 1684 bis 1691 Organist. Christian Reichart, der Förderer des Erwerbsgartenbaus in Erfurt, versah 16 Jahre unentgeltlich den Organistendienst. Er hatte bei Buttstädt Orgelunterricht genommen und komponierte auch selbst. Auf vielen Gebieten der Stadtverwaltung und des kirchlichen Lebens hat er sich verdient gemacht. Im Evangelischen Ministerium, dem höchsten Gremium der Kirchenverwaltung in Erfurt, war er als Vertreter des Rates tätig.

Im napoleonischen Krieg erlitt die Kirche als Militärreparaturwerkstatt großen Schaden. Schließlich wurde sie 1845 wegen Baufälligkeit geschlossen. Durch das Bevölkerungswachstum in der Mitte des vorigen Jahrhunderts konnte der drohende Abbruch verhindert werden. 1857 bis 1860 wurden Teile des Mauerwerks und der gesamte Dachstuhl neu gebaut. Später mußte die schöne grüne Umgebung der Kirche mit dem Reglerfriedhof und der Stadtmauer einer großstädtischen Bebauung weichen. Die Wilde Gera wurde zugeschüttet und gab Raum für eine verkehrsreiche Straße, den heutigen Juri-Gagarin-Ring.

Die Kirche wurde zum Heim einer großen Gemeinde, die sich bald bis an den Steigerrand ausdehnte. 1922 entstand das Pfarr- und Gemeindehaus am Juri-Gagarin-Ring, 1929 ein weiteres in der Wilhelm-Busch-Straße.

Der zweite Weltkrieg brachte der Kirche keine allzu schweren Beschädigungen. In den Jahren 1965 bis 1973 wurde die Kirche im Inneren gründlich erneuert und an die Fernheizung angeschlossen. Dadurch ist sie ganzjährig nutzbar. In ihr finden daher viele zentrale kirchliche Veranstaltungen statt, so Jugendversammlungen und bedeutende Vortragsabende.

Aus der Geschichte der Reglerkirche ist, wie bereits angedeutet, viel über die Pflege guter Kirchenmusik überliefert. Auch in diesem Jahrhundert war und ist die Reglerkirche für Erfurt ein Mittelpunkt der Kirchenmusik. Davon zeugt nicht nur die im Jahre 1981 fertiggestellte Orgel (Firma Löbling, Erfurt), auf der im Winterhalbjahr allwöchentlich Orgelmusiken dargeboten werden.

Besonders erwähnenswert ist die Regler-Singschar, ein vorzugsweise der A-cappella-Musik verschriebener Chor. Der Singschar stehen der Regler-Kinderchor und der Regler-Posaunendienst zur Seite.

Die Regler-Kantorei fühlt sich in besonderer Weise der Ökumene verpflichtet. Davon zeugt vor allem die Mitwirkung an bedeutenden kirchlichen Veranstaltungen und Ereignissen im katholischen Erfurter Dom.

4. Beschreibung von Einzelheiten/Ausstattung

Die *Westfront* mit den beiden Türmen wirkt trutzig. In der Symbolsprache des Mittelalters hatte die Westseite vor den Dämonen des Abends und der apokalyptischen Zeit, der Periode des Weltuntergangs, zu schützen. Über dem Portal ist das Tympanon, auf dem sich früher Christus als Welten-

richter (Pantokrator des Jüngsten Gerichts) mit den Symbolen der vier Evangelisten befand. Infolge der Verwitterung und Luftverschmutzung ist die Darstellung seit der Jahrhundertwende immer mehr verblaßt und schließlich verschwunden.

Im *Inneren* zeigt sich heute die Reglerkirche als strenge, evangelisch geprägte Predigtkirche mit Hoch- und Zwischenaltar. Der Hochaltar steht an der schlichten, dreifenstrigen Ostwand des Chores, in dem sich noch das mittelalterliche *Chorgestühl* befindet.

Der *Hochaltar*, »Regleraltar« genannt, hat bei geöffneten Flügeln eine Breite von 6 m. Seine Höhe mißt reichlich 3 m. Darüber erhebt sich das Gesprenge mit der Strahlenmadonna im Mittelpunkt. Im geschlossenen Zustand zeigt der Altar auf zwei Bildtafeln Apostel- und Heiligengestalten. Auf der linken Tafel sieht man zuerst den Kirchenvater Augustin, nach dem Orden und Stift genannt sind. Ihm folgen Barbara mit dem Kelch, Georg, die heilige Elisabeth mit dem geleerten Brotkorb und Ambrosius, der Lehrer Augustins. Auf der rechten Bildtafel folgen der Eremit Antonius, Margarethe mit dem Drachen, Jakobus der Ältere, der Apostel Simon, Maria Magdalena mit dem Salbgefäß und der Apostel Thaddäus.

Von den vier großen Bildtafeln der zweiten Schauseite des Altars sind jeweils zwei der Passion und der Verherrlichung Christi gewidmet. Zur Darstellung gelangten die Dornenkrönung, die Geißelung und die Himmelfahrt Christi sowie das Pfingstgeschehen.

Der völlig geöffnete Schrein zeigt, als Holzschnitzereien dargestellt, links die sechs Freuden der Maria, rechts den Leidensweg Christi und in der Mitte die Krönung der Maria durch den Vater und den Sohn. Die sechs Freuden der Maria, das sind die Verkündigung an Maria, die Geburt Christi, die Anbetung durch die Heiligen Drei Könige, die Darstellung im Tempel, der zwölfjährige Jesus im Tempel und der Tod der Maria. Der Leidensweg Christi wird dargestellt durch den Verrat des Judas, Jesus vor Kaiphas, Christus als Schmerzensmann mit Pilatus, die Kreuztragung, die Kreuzigung und die Auferstehung.

86 In der Predella, die den Altar trägt, wird im geschlossenen

Zustand die Versammlung der Heiligen, wie sie auf der ersten Schauseite dargestellt war, fortgesetzt. Im geöffneten Zustand werden die Schnitzereien der Predella sichtbar. Sie erzählen in fünf Szenen das Martyrium der hl. Katharina.

Im *Seitenschiff* sind an zwei Pfeilern noch Reste mittelalterlicher *Fresken* zu erkennen. Eins davon stellt die sogenannte Gregormesse dar. An der Südwand befindet sich das *Epitaph Christian Reicharts* (gest. 1775).

Die *barocke Kanzel* stammt aus der Klosterkirche von Hamersleben (Bez. Magdeburg). Sie wurde dort nach der Renovierung am Ende der sechziger Jahre entfernt.

In der Sakristei hängen Bilder früherer Pastoren. Auf der Empore befindet sich ein neuer Archivraum. An der Nordseite des Chores liegt der Jugendraum, in der Turmfront der Singeraum. Unter der nördlichen Empore ist ein Teil des Kreuzganges erhalten.

Kaufmannskirche

1. Kurzcharakteristik

Der zweitürmige gotische Bau der Kaufmannskirche begrenzt in städtebaulich reizvoller Form drei wichtige Straßenräume der Erfurter Innenstadt: den des Angers, der Leninstraße und der neuen Krämpferstraße.

Der Anger, heute das Einkaufszentrum der Bezirksstadt Erfurt, war wohl im frühen Mittelalter der zentrale Handelsplatz Thüringens. Mit ihm steht die Gründung der Kaufmannskirche, die dem hl. Gregor, Bonifatius und dem Leib Christi geweiht ist, in engem Zusammenhang. Die prachtvollen Patrizierhäuser in der Umgebung der Kirche weisen darauf hin, daß hier einst wohlhabende und einflußreiche Familien wohnten.

Besonders interessant ist die nachreformatorische Ausstattung der Kirche. Das gilt vor allem für Kanzel und Altar. Hier

58. Kaufmannskirche aus der neuen Krämpferstraße gesehen

sollen dem Gottesdienstbesucher die biblischen Grundlagen der lutherischen Glaubenslehre bildlich vermittelt werden. Auf dem Anger vor der Kirche wurde 1889 im Nachgang zu den Feierlichkeiten zu Luthers 400. Geburtstag ein Lutherdenkmal aufgestellt.

59. Kaufmannskirche am Anger mit Lutherdenkmal

2. Zeittafel

11. Jh.	Gründung einer Siedlung friesischer Kaufleute, vermutlich Errichtung der ersten Kaufmannskirche
1248	Erste urkundliche Erwähnung der Kaufmannskirche (ecclesia mercatorum)
1368	Urkundliche Erwähnung einer Weihe der Kaufmannskirche
1521	Einführung der Reformation in der Kaufmannsgemeinde
1522	Martin Luther predigt in der Kaufmannskirche (22. 10.)
1598–1625	Herstellung der nachreformatorischen Innenausstattung (Kanzel, Taufstein, Altar)
1636–1650	Schwedische Garnisonkirche
1668	Trauung der Eltern Johann Sebastian Bachs in der Kaufmannskirche
1684	Barockhaube des Nordturms errichtet
1686	Fertigstellung des heutigen Orgelprospekts
19. Jh.	Umfangreiche Restaurierungsarbeiten (1855/59, 1863/65, 1898/99)
1864	Die oberen Geschosse des Südturms neu aufgeführt
1939	Einweihung des Gemeindehauses mit Kapelle am Ludolfweg
1944	Schwere Beschädigung der Kirche durch eine Luftmine (20. 7.)
1952	Abschluß des Wiederaufbaus
1955	Altar restauriert
1965	Abriß der Pfarrhäuser an der Nordseite der Kirche

60. Kaufmannskirche, Blick aus dem Chor ins Kirchenschiff (Zustand vor der Renovierung 1984)

3. Nutzungsgeschichte

Umstritten ist die Vermutung, die Kaufmannskirche sei neben dem Dom die älteste Pfarrkirche Erfurts. Urkundlich ist jedoch bezeugt, daß sie im 13. Jh. die Hebestelle der erzbischöflichen Steuer, des Freizinses, für weite Teile des Stadtgebietes rechts der Gera ist. Die andere Hebestelle in der Stadt war die neben dem Dom gelegene Severikirche. Die Kaufmannskirche ist vermutlich im 11. Jh. von reisenden friesischen Kaufleuten gegründet worden. Das Patrozinium des hl. Gregor weist auf Gregor von Utrecht (Holland) hin. Damals gab es in zahlreichen Städten, so z. B. in Magdeburg, Kaufmannskirchen. Nur in Erfurt hat sich der Name erhalten. In diesen Kirchen fanden zumindest in der Anfangszeit nicht nur Gottesdienste statt. In ihnen wurden Verhandlungen geführt und wertvolle Waren aufbewahrt.

Die Kaufmannskirche in Erfurt lag zu ihrer Gründungszeit außerhalb und am Rand der ersten überlieferten Stadtbefestigung von Erfurt, die geraseitig entlang von Anger und Leninstraße verlief. Südlich vor der Kaufmannskirche entstand ein Dreiecksmarkt, dessen Form noch heute erhalten ist. Die Fernhändler, die sich im 12. Jh. schließlich dauerhaft ansiedelten, bekamen entlang der der Gera abgewandten Seite von Anger und Leninstraße Grundstücke zugewiesen. Im Verlaufe des Mittelalters bis hin zum Dreißigjährigen Krieg befaßten sie sich ausschließlich mit dem Waidhandel. Sie gelangten dabei zu großem Reichtum. Die in der Leninstraße erhalten gebliebenen Patrizierhäuser zeugen noch heute davon. Der Anger war in jener Zeit für den Waidhandel reserviert.

Die Bedeutung der Kaufmannskirche im gesamten Mittelalter wird dadurch unterstrichen, daß sie baulich die größte nicht an ein Stift gebundene Pfarrkirche war, die zudem zwei Türme besaß.

Im 12. Jh. wurde eine romanische Kaufmannskirche erbaut. Vermutlich zerstörte sie der Stadtbrand von 1291. Im 14. Jh. errichtete man den heutigen gotischen Bau. Seine Türme stehen auf den romanischen Grundmauern der alten Kirche. Auch die Obergaden weisen auf die Übernahme von Bauteilen hin. Die Kirche erhielt im Verlaufe des Mittelalters mehrere Ablaßprivilegien, die sicherlich mit den Bauarbeiten an der Kirche zusammenhängen.

Genauere Angaben zur Vollendung des Baus fehlen. Aus der Zeit zwischen 1300 und 1501 sind 15 Weihen urkundlich belegt. In einigen Fällen handelt es sich um Weihen von Nebenaltären, von denen in der Kaufmannskirche etwa acht gestanden haben, in anderen Fällen um die Weihe größerer Bauabschnitte, wie Langhaus und Chor.

Das Patronat der Kaufmannskirche hatte bis zur Reformation das Marienstift (Dom) inne.

Die Einführung der Reformation in Erfurt war von gewalttätigen Ausschreitungen begleitet. Um in dieser Situation zu klären, was das eigentliche Ziel der Reformation sei, lud man Martin Luther nach Erfurt ein. Er predigte am 22. Oktober 1522 in der Kaufmannskirche. Die gedruckte Ausgabe der umfangreichen Predigt ist erhalten. Nicht erhalten ist die Kanzel, auf der Luther damals gestanden hat. Im Jahr 1594 stürzte nämlich das Chorgewölbe ein und zerstörte alles, was sich dort befand. Der Chor erhielt damals eine flache Holzdecke.

Hans Fridemann d. Ä. erhielt den Auftrag, die noch heute erhaltene Ausstattung des Chores zu schaffen.

Während der zweiten Besatzungszeit der Schweden im Dreißigjährigen Krieg, die von 1636 bis 1650 währte, wurde die Kirche auch von der schwedischen Garnison benutzt. In der Kirche und auf dem angrenzenden Friedhof fanden zahlreiche Schweden ihre letzte Ruhestätte. Zu ihnen gehörten der Stadtkommandant Oberst Caspar Ermes und seine Frau.

Nikolaus Stenger, seit 1638 Pfarrer an der Kaufmannskirche und seit 1654 zugleich Professor an der Universität, wurde 1657 deren Rektor und 1662 Senior des Evangelischen Ministeriums. Er hat das Amt des Seniors in jenen für Erfurt und seine evangelischen Bürger so kritischen Jahren mit viel Geschick und Erfolg verwaltet. War doch im Jahre 1664 die Stadt vom katholischen Landesherrn, Kurfürst und Erzbischof von Mainz, mit militärischer Gewalt vereinnahmt worden. Die kurmainzische Herrschaft brachte den Evangelischen zwar keine Bedrückung, aber dennoch so mancherlei Schwie-

94

62. Kaufmannskirche, Mittelfeld des Altars: Abendmahl

rigkeiten. Sie achtete streng darauf, daß jede Art von konfessioneller Provokation vermieden bzw. geahndet wurde. Daher setzte der Rat der Stadt im Jahre 1712 den Kaufmänner-Pfarrer Johann Kiesling ab, weil er das verbotene Lutherlied »Erhalt uns, Herr, bei deinem Wort« mit der ursprünglichen Zeile »Und steur des Papstes und der Türken Mord« im Gottesdienst hatte singen lassen. Er erhielt eine Stelle als Superintendent in Borna.

Eine kleine Erinnerung an die zu Ende gehende kurmainzische Zeit in Erfurt ist in der Kaufmannskirche die sogenannte »Knorrsche Kapelle«, auch »Duftestübchen« genannt. Dieser im zweiten Geschoß des Nordturms gelegene Raum ist eigentlich eine Kirchenloge. Der katholische Stadtkommandant v. Knorr hatte sie 1780 für seine evangelische Frau einbauen lassen.

Während der kurmainzischen Zeit erfolgten an und in der Kirche mancherlei Veränderungen. Zuerst wurde das bei der Beschießung im Jahre 1664 zertrümmerte Chordach wiederhergestellt. Zwanzig Jahre später erhielt der unvollendete mittelalterliche Nordturm eine barocke Haube. 1686 kam eine neue Orgel in die Kirche. Ihr Prospekt ist noch heute erhalten.

Viel umfangreicher waren dann die Restaurierungsarbeiten, die in der Mitte des 19. Jh. einsetzten. Dabei wurden als störend empfundene Einbauten beseitigt und die oberen Geschosse des Südturmes neu aufgeführt (1864). Um die Jahrhundertwende erfolgte schließlich eine Erneuerung des Dachstuhls und des Westgiebels.

Die Kirche erhielt eine neue Holzdecke. In die Fenster kamen farbige Glasscheiben, wobei das schadhafte Maßwerk ausgebessert wurde. Die barocken Türen ersetzte man durch gotisierende.

Neue Aufgaben, die der Gemeinde in diesem Jahrhundert zuwuchsen, wie Jugendarbeit und Frauenhilfe, erforderten ein Gemeindehaus, das dann 1918 erworben werden konnte. Immer mehr dehnte sich die Stadt in östlicher Richtung aus. Daher wurde 1938 eine dritte Pfarrstelle für den Ostbezirk der Kaufmännergemeinde eingerichtet.

96 Trotz großer Schwierigkeiten, die die damaligen staatlichen

Behörden beim Bau kirchlicher Gebäude bereiteten, gelang es in den Jahren 1938/39, das Gemeindehaus Ludolfweg zu bauen. Seitdem werden nicht nur Gottesdienste in der Kaufmannskirche, sondern auch in der Kapelle im Gemeindehaus Ludolfweg gefeiert.

Die Luftmine, die am 20. Juli 1944 auf dem Anger niederging, zerstörte das gegenüberliegende Ursulinenkloster und fügte auch der Kaufmannskirche schweren Schaden zu. Der Wiederaufbau wurde alsbald in die Wege geleitet. 1952 fanden in der Kirche wieder Gottesdienste statt. In den nachfolgenden Jahren wurde in den barocken Prospekt eine neue Orgel eingebaut. An die Stelle der zerstörten farbigen Fenster aus dem 19. Jh. kamen unbemalte. Der Altar konnte mit Hilfe des Instituts für Denkmalpflege restauriert und dabei neu vergoldet werden.

4. Beschreibung von Einzelheiten / Ausstattung

Die Ausstattung enthält nur noch wenige mittelalterliche Stücke. Dazu zählen das Kruzifix über der Sakristeitür, ein gotischer Abendmahlskelch sowie die die heilige Sippe darstellende Tafel des Sakristei-Altars. Sie stammt aus der Zeit unmittelbar vor Einführung der Reformation und stellt eine Erfurter Patrizierfamilie dar. Die Türen der Sakristei gehören der späten Renaissance an.

Im Chor befinden sich bedeutende Kunstwerke aus der Fridemann-Werkstatt, so die Kanzel (1598), der Altar (1625) der Taufstein (1608) und drei Epitaphien.

Auf ihnen sind biblische Szenen abgebildet, die nach den Gesichtspunkten der lutherischen Kirchenlehre (Dogmatik) ausgewählt und zusammengestellt worden sind. In keiner Erfurter Kirche ist eine derartig geschlossene Gruppe nachreformatorischer Ausstattungsstücke aufgestellt worden bzw. erhalten geblieben. Daher sollen sie nachfolgend näher beschrieben werden.

Am *Kanzelfuß* sind Adam und Eva, die alttestamentlichen Stammeltern der Menschheit, zu sehen. Der Mann, der seine Hände segnend auf sie legt, ist Abraham, der Ahnherr der Israeliten. Von ihm aus führt die biblische Linie bis hinauf 97 zum Jesuskind, das auf dem Arm seiner Mutter ruht. Darüber steht Jesus als Schmerzensmann, denn durch sein Leiden und Sterben hat er die Menschheit geläutert und erlöst. Dies wird durch das Evangelium, die »gute Nachricht«, in der Predigt von der Kanzel herab verkündet.

Die lutherische Lehre unterscheidet das »Evangelium« vom »Gesetz«, d. h. den Zehn Geboten. Beide werden figürlich und in Szenen links und rechts vom Schmerzensmann (am Kanzelkorb) dargestellt. Hauptaufgabe des Predigers ist es, der Gemeinde das Evangelium Jesu Christi zu verkündigen. Daran erinnert ihn nachdrücklich die Kanzeltür mit der Aufschrift: »Ich bin die Tür zu den Schafen.« Das Gleichnis vom Guten Hirten und seiner Herde wird dort auf zwei Reliefs dargestellt.

Der kunstvolle *Altar* wurde von Hans Fridemann d. J. und Paul Fridemann gearbeitet. Besonders eindrucksvoll wird im Mittelfeld die für jeden Christen bedeutsame Szene des Abendmahls geschildert, um die sich einige Stationen aus dem Leben Jesu gruppieren. Was dieses Mahl mit Brot und Wein bedeutet, besagt die Inschrift mit den Christusworten: »Das ist mein Leib, das ist mein Blut.« Dieser Ausspruch ist aber nicht nur in deutscher, sondern auch in hebräischer, syrischer, griechischer und lateinischer Sprache zu lesen. Die syrische Fassung findet man wohl sonst auf keinem anderen Altar. Das erklärt sich so: Die syrische Kirchenbibel, die Peschitta, gelangte um 1585 nach Europa. Das Syrische ist ein aramäischer Dialekt. Es war bekannt, daß Jesus aramäisch gesprochen hatte. Daher meinte man, in der syrischen Fassung die Worte Jesu in seiner Muttersprache vor sich zu haben. Magister Wedemann, Pastor an der Kaufmannskirche und Professor für orientalische Sprachen an der Erfurter Universität, veranlaßte Hans Fridemann d. J., diese fünfsprachige Inschrift anzubringen.

Der *Taufstein* ist wahrscheinlich eine Jugendarbeit von Hans Fridemann d. J. Ein Gegenstück dazu steht in der Reglerkirche. Da die Taufe früher ein Tauchbad war und die Taufe im Säuglingsalter vollzogen wurde, ist das Becken so groß, daß ein Kleinstkind darin Platz findet. Durch die Taufe wird ein Mensch in die kirchliche Gemeinschaft aufgenommen. Am

64. Kaufmannskirche
Caspar Ermes
und Sohn mit dem
geistlichen
Testament des Vaters

63. Kaufmannskirche
Kanzelfuß:
Adam und Eva
mit Abraham (1598)

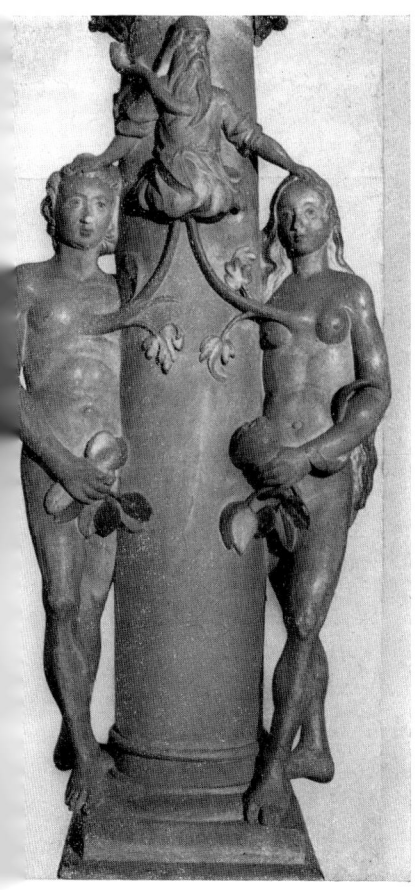

99

Rande des Beckens sind die von Putten getragenen Marter-
werkzeuge aus der Passion Christi wiedergegeben. Die Pro-
pheten, die das Kommen des Erlösers vorausgesagt haben,
sind am Fuß des Taufsteins dargestellt.

Hans Fridemann d. Ä. schuf die im Altarraum angebrachten
Epitaphien der Erfurter Patrizier Hans Ziegler († 1584),
Wolfgang v. Tettau († 1585) und der Patrizierfamilie v. d.
Sachsen (um 1593). Diese Epitaphien bezeugen durch ihren
biblischen Inhalt die christliche Hoffnung auf ewiges Leben
jenseits des Todes. Darunter befinden sich Wiedergaben von
Ereignissen aus dem Alten Testament, in denen man Voraus-
sagen des zukünftigen Heils sah. Solche Gegenüberstellungen
von Altem und Neuem Testament zeigen auch die Abbildun-
gen auf der barocken Abendmahlskanne, die zur Ausstattung
der Kirche gehört.

Interessant sind auch einige in der Kirche befindliche
Gemälde. Am westlichen Durchgang zum südlichen Seitenschiff hängt sowohl ein Bild von Oberst Ermes wie auch eins
von seiner Frau. Das Bild des Oberst Ermes stellt ihn mit
seinem einzigen überlebenden Sohn dar. Das geistliche Testament des Vaters für den Sohn ist auf dem Gemälde wiedergegeben. Den Hintergrund bildet eine Ansicht der Stadt. An
der Wand der Nordempore ist das Bild von Nikolaus Stenger
zu finden. Es enthält die älteste getreue Wiedergabe der
Kaufmannskirche.

Am Sockel des *Lutherdenkmals* vor der Kaufmannskirche
sind auf vier Reliefs Szenen von Luthers Aufenthalt in Erfurt
dargestellt. Das Denkmal schuf Fritz Schaper, Hamburg.

Ägidienkirche

1. Kurzcharakteristik

Die gotische Ägidienkirche steht am östlichen Ende der Krämerbrücke am Wenigemarkt. Nur sie ist von den vier mittelalterlichen Erfurter »Brückenkopfkirchen« erhalten geblie-

65. Ägidienkirche
am Wenigemarkt

ben. Durch das Erdgeschoß führt der torartige Zugang zur Krämerbrücke. Der eigentliche Kirchenraum liegt im Obergeschoß. Bis zum Beginn des 17. Jh. Gottesdienststätte, war sie dann fast 350 Jahre Wohn- und Wirtschaftsgebäude. Heute ist sie das Gotteshaus der Evangelisch-Methodistischen Kirche in Erfurt. Der Kirchenraum mit dem bemerkenswerten spätgotischen Erker eignet sich sehr für kammermusikalische Veranstaltungen.

2. Zeittafel

1110	Erste Erwähnung einer Ägidienkapelle
1117 und 1293	Zerstörung der damals hölzernen Krämerbrücke samt Ägidienkirche durch Brand
1325	Vollendung des Neubaus der nunmehr steinernen Krämerbrücke
1525	Einführung der Reformation: Ägidienkirche kommt zur Kaufmannsgemeinde
1582	Einsturz des Daches und des oberen Teils des Westgiebels, danach Wiederherstellung der Kirche
1615	Für fast 350 Jahre letzter Gottesdienst
1827	Verkauf der Ägidienkirche – ohne Turm – an einen Kaufmann
1927	Rückkauf durch die Kaufmannsgemeinde als Mietshaus
1956	Verkauf an die Evangelische Gemeinschaft
1960	Wieder Gottesdienst in der Ägidienkirche

3. Nutzungsgeschichte

Im Diedenhofener Kapitular Karls d. Gr. von 805 wird Erfurt als ein Ort erwähnt, bis zu dem die Kaufleute, die mit Slawen und Awaren Handel treiben wollten, mit ihren Waren ziehen durften. Erfurt war also Grenzhandelsplatz. Die Verbindung zwischen den Märkten links und rechts der Gera und den entsprechenden Siedlungsgebieten wurde durch die zunächst in Holz aufgeführte Krämerbrücke hergestellt, die damit zugleich die große Ost-West-Handelsstraße schloß. Im Hoch- und Spätmittelalter befanden sich auf der Krämerbrücke Verkaufsstände, sogenannte »Buden«. Dort wurden besonders wertvolle Waren, wie Gewürze, Schmuck, Borten, Arzneien und Färbemittel feilgeboten. Diese Buden waren dem Peterskloster, dem Marien- und Severistift sowie den Klöstern Reinhardsbrunn und Bürgel zinspflichtig. Feste Häuser durften erst Ende des 15. Jh. auf der Brücke errichtet werden.

Auch die neueste stadtgeschichtliche Forschung hat nicht klären können, ob die hölzerne Krämerbrücke von einem Kloster, einer geistlichen Bruderschaft oder einer Interessengemeinschaft von Kaufleuten errichtet worden ist. Urkundlich belegt ist aber, daß die noch heute erhaltene Steinbrücke aus dem frühen 14. Jh. der Rat der Stadt hat erbauen lassen.

An beiden Brückenenden errichtete man Kirchen, so auf dem linken Geraufer die Benediktikirche und auf dem rechten Geraufer die Ägidienkirche. Sie dienten auch dem Schutz des Flußübergangs. Die beiden anderen wichtigen mittelalterlichen Brücken in Erfurt, die Lehmannsbrücke und die Lange Brücke, besaßen auf der rechten Geraseite ebenfalls Brückenkopfkirchen. Von der Nikolaikirche an der Lehmannsbrücke ist noch der Turm vorhanden.

Von dem 1293 zerstörten Vorgängerbau der heutigen Ägidienkirche ist nichts erhalten geblieben. Vermutlich ist auch er bei den verschiedenen früheren Bränden der Krämerbrücke in Mitleidenschaft gezogen und bei den Wiederherstellungsarbeiten verändert worden. Ursprünglich handelte es sich um keine Pfarrkirche, sondern nur um eine Kapelle. Als solche erscheint sie noch 1293, obwohl bereits in einer Urkunde von 1260 ein Pleban, d. h. ein Pfarrer, von St. Ägidien erscheint. Zur Kirche gehörte auch eine Bruderschaft des Leibes Christi. Das Patronat über die Ägidienkirche erwarb 1325 das nahegelegene Schottenkloster durch eine Abgabe an den Erzbischof von Mainz. 1324 wurde der Turm an das Kirchenschiff angebaut, und zwar so, daß sein Anblick den Wenigemarkt und die Futterstraße beherrscht und der Turm auch aus allen anderen benachbarten Gassen heraus gut zu sehen ist. In das Erdgeschoß des Turmes baute der Rat einen Laden ein.

Wohl im Zusammenhang mit dem Bau der festen Häuser auf der Krämerbrücke in der zweiten Hälfte des 15. Jh. erhielt die östliche Schauseite der Ägidienkirche durch eine Umgestaltung ihr heutiges Aussehen. Diese Schauseite schließt städtebaulich die saalartige Futterstraße ab und bildet zugleich den Auftakt zur Brückenstraße.

Da die Kirche nach der Reformation von der Kaufmannsgemeinde zu Wohn- und Wirtschaftszwecken vermietet wurde, erfuhr sie im Inneren erhebliche Umgestaltungen. So teilte man den Kirchenraum durch eine Zwischendecke in zwei Geschosse und nahm im Verlaufe der Jahrhunderte weitere Veränderungen entsprechend den sich wandelnden Bedürfnissen vor. Einen geplanten Abbruch verhinderte der Kaufmann T. B. Herrmann, der 1827 die Kirche erwarb.

Er richtete das Gebäude als Wohn- und Geschäftshaus ein. Hundert Jahre später kaufte die Kaufmannsgemeinde die Kirche zurück, verwendete sie aber weiterhin nicht als Gottesdienststätte. Um die Wiederherstellung der im zweiten Weltkrieg sehr beschädigten Kaufmannskirche finanzieren zu können, veräußerte die Gemeinde mehrere in ihrem Besitz befindliche Grundstücke und Gebäude, so auch die Ägidienkirche.

Sie wurde von der Evangelischen Gemeinschaft erworben, die sie durch F. Heinrich für den Gebrauch der Gemeinde herrichten ließ. Wie einst befindet sich nun der Gottesdienstraum im Obergeschoß. Im Erdgeschoß ist jetzt ein Gemeinderaum für Bibelstunden, Unterricht und andere Veranstaltungen untergebracht.

Die Gründung der Evangelischen Gemeinschaft in Erfurt war 1906 erfolgt. Die Methodisten-Gemeinde gibt es seit 1949 in Erfurt. Diese beiden Religionsgemeinschaften vereinigten sich bis zum Jahre 1968 weltweit zur Evangelisch-Methodistischen Kirche. Sie hat als Kirche der Reformation die Bibel und die altkirchlichen Bekenntnisse zur Grundlage ihrer Lehre.

Ihre Gottesdienste ähneln äußerlich denen der reformierten Kirche. Der Methodismus, im 18. Jh. als religiöse Erneuerungsbewegung in England entstanden, breitete sich dort und vor allem in Nordamerika aus. In Amerika verselbständigte sich damals auch der deutschsprachige Zweig der Methodisten, die Evangelische Gemeinschaft.

Heute gibt es auf der Erde etwa 45 Millionen Methodisten. In Nordamerika nehmen sie neben den Baptisten die führende Rolle im Protestantismus ein. Die Evangelisch-Methodistische Kirche gehört dem Ökumenischen Rat der Kirchen an. Einige Begründer des Ökumenischen Rates waren Methodisten.

In der DDR leben etwa 25 000 Methodisten. Die größten Gemeinden liegen im Erzgebirge.

4. Beschreibung von Einzelheiten

So klein das Gotteshaus auch ist, so vielgestaltig sind seine *Fenster*. Jedes hat ein anderes Maßwerk.

Architektonisch reizvoll ist der spätgotische *Erker*. Er ruht auf einer abgetreppten Konsole und beherbergt im Inneren ein schön verziertes Sakramentshäuschen. Ein ähnlicher Erker, und zwar aus dem Jahre 1479, befindet sich am Haus »Zum Roten Stern« in der Allerheiligenstraße.

Im Turm der Ägidienkirche hängt die zweitälteste *Glocke* Erfurts. Sie wurde 1382 gegossen.

Michaeliskirche

1. Kurzcharakteristik

Die Michaeliskirche, eine der ältesten Pfarrkirchen Erfurts, befindet sich im Zentrum der Altstadt. Das in seinen Ausmaßen bescheidene gotische Bauwerk steht unmittelbar gegenüber den Resten des im zweiten Weltkrieg zerstörten Universitätgebäudes, an der Ecke Michaelisstraße/Allerheiligenstraße. An den Turm schließt sich die Dreifaltigkeitskapelle mit ihrem reich verzierten Erker an. Im Leben der ehemaligen Erfurter Universität und zur Reformationszeit spielte die Michaeliskirche eine bedeutende Rolle. Bis 1973 Pfarrkirche der Michaelisgemeinde, ist sie heute Gottesdienststätte und Ausstellungsraum für einen Komplex kirch-

Seite 107, rechts:
68. Lasphekapelle und Michaeliskirche

Seite 107, links:
69. Lasphekapelle, Detail (um 1500)

106

licher Einrichtungen, die ihren Sitz in der Allerheiligenstraße haben.

Im idyllischen Kirchhof finden in den Sommermonaten Serenaden statt.

2. Zeittafel

1183–1200	Gründung der Michaeliskirche
1278–1290	Bau des heutigen Hauptschiffes
1392	Gründung der Erfurter Universität
Anf. 15. Jh.	Anbau des Seitenschiffes
1520	Erste evangelische Predigt Erfurts in der Michaeliskirche
1522	Luther predigt in der Michaeliskirche (21. 10.)
1523	Erste Abendmahlsfeier Erfurts unter beiderlei Gestalt (Brot und Wein) in der Michaeliskirche
1548	Bestattung von Johannes Lang in der Michaeliskirche
1742–1750	Größere Reparaturarbeiten
1819–1820	Neugotische Ausgestaltung des Innenraums
1928	Umgestaltung des Innenraums
1944	Beschädigung durch Luftangriff
1958–1960	Umfassende Renovierung
1973	Vereinigung der Michaelisgemeinde mit der Andreasgemeinde
1978	Erneuerung der Sakristei und des Kirchhofs
seit 1981	Wiederherstellung der Dreifaltigkeitskapelle (Lasphekapelle)
1982	Neuausmalung der Kirche

3. Nutzungsgeschichte

Die Gründung der Michaeliskirche erfolgte Ende des 12. Jh. durch eine Erfurter Patrizierfamilie. Die Kirche unterstand direkt den Mainzer Erzbischöfen. Vorzugsweise sie waren es, die durch Ablässe die Baugelder für den gotischen Neubau vom Ende des 13. Jh. besorgten. Da sich in der Erfurter Innenstadt auf engstem Raum zahlreiche Pfarrkirchen befanden, konnte die Zahl der Gemeindeglieder jeweils nur gering sein. So gehörten um 1300 nur 9 vermögende, einflußreiche Familien zur Michaelisgemeinde.

Eine besondere Bedeutung erlangte die Michaeliskirche durch die Eröffnung der Erfurter Universität im Jahre 1392, die bis 1816 bestand. 1453 wurde unmittelbar gegenüber der Kirche das Collegienhaus der philosophischen Fakultät und in den Jahren 1511 bis 1515 das 1944 zerstörte Collegium majus erbaut. Von nun an fanden in der Michaeliskirche zahlreiche Gottesdienste und Versammlungen statt, die mit dem Universitätsleben im Zusammenhang standen. Daher mußte sie Anfang des 15. Jh. um ein Seitenschiff erweitert werden.

Die Geistlichen der Michaeliskirche waren zumindest bis in die Mitte des 16. Jh. hinein zumeist auch Universitätslehrer. Zu ihnen gehörte der Dekan der philosophischen Fakultät Johann Bonemilch von Lasphe. Er stiftete, als er im Jahre 1500 Weihbischof wurde, die Dreifaltigkeitskapelle am Turm der Michaeliskirche, die, nach ihm benannt, auch Lasphekapelle heißt. Im Jahre 1507 weihte er den Augustinermönch Martin Luther im Dom zum Priester.

Seit 1520 stand die Michaeliskirche neben der Augustinerkirche im Mittelpunkt der reformatorischen Bewegung in Erfurt. Im Sommer 1521 wurde Georg Forchheim, ein Anhänger Luthers und Melanchthons, Pfarrer an der Michaeliskirche. Nach seinem plötzlichen Tod im Jahre 1522 folgte ihm im Amt sein Schüler Johannes Cuelsamer. Er teilte am 5. Juli 1523 zum ersten Mal in Erfurt das heilige Abendmahl in beiderlei Gestalt aus.

Im Zusammenhang mit den Unruhen in der Stadt (s. Kaufmannskirche) kam Luther im Oktober 1522 nach Erfurt und predigte auch in der Michaeliskirche. In Richtung auf die benachbarte Universität zielend, sagte er damals: »Früher hat der Teufel in den hohen Schulen regiert, jetzt aber ist die Zeit gekommen, wo das heilige Evangelium unseren doctoribus in die Wolle greift.«

Johannes Lang (1486 oder 1487 bis 1548), Luthers enger   109

Freund aus der gemeinsamen Klosterzeit, gilt als die entscheidende Persönlichkeit bei der Durchsetzung der Reformation in Erfurt. Seit 1530 war er gleichzeitig Prediger an der Michaeliskirche und der Predigerkirche. Er wohnte im Hause »Zum Steinbock«, Michaelisstraße 29, und ist in der Michaeliskirche begraben worden.

Bei der Neuordnung der Erfurter Gemeinden erweiterte man die kleine, aber für die reformatorische Bewegung sehr bedeutsame Michaelisgemeinde durch die Angliederung der Servatii- und Georgengemeinde. Da die neugebildete Gemeinde sehr weitläufig war, wurde der Turm der Georgenkirche der zweite Glockenturm der Michaelisgemeinde (s. Georgenturm).

Etwa vier Jahrhunderte später, und zwar im Jahre 1973, kam die Michaelisgemeinde zur Andreasgemeinde. Für diese Entscheidung sprach, ähnlich wie bei der Barfüßerkirche, die Tatsache, daß reine Innenstadtgemeinden starken Schrumpfungen unterworfen sind. Nunmehr wird, wie bereits erwähnt, die Michaeliskirche von einer ganzen Gruppe in der angrenzenden Allerheiligenstraße gelegener kirchlicher Einrichtungen genutzt. Zu diesen Einrichtungen gehört einmal das diakonische Zentrum der evangelischen Gemeinden Erfurts, »Gemeindedienst und Stadtmission« genannt, das die Kirche verwaltet und zur Arbeit mit Behinderten verwendet. Dazu zählen aber auch die von verschiedenen Konfessionen getragene Tagesstätte »Christophorus« für behinderte Jugendliche, die evangelische Studentengemeinde und das Johannes-Lang-Haus. Das Johannes-Lang-Haus ist seit seiner Einweihung im Jahre 1905 ein übergemeindliches kirchliches Veranstaltungszentrum. In ihm finden Vortragsabende und Tagungen verschiedenster Art statt. Hier versammelt sich die Kreissynode.

4. Einzelheiten

Die Michaeliskirche ist ein bescheidenes Bauwerk und erinnert damit an die vielen kleinen Gemeindekirchen Erfurts, die es bis zur Reformation gegeben hat und die dann im Laufe der Zeit abgebrochen worden sind.

110   Der trapezförmige Grundriß ist durch den Verlauf der

70. Michaeliskirche,
Orgelprospekt
(Zustand 1982)

71. Michaeliskirche,
älteste Glocke
Erfurts (1380)

111

angrenzenden Straßen bestimmt worden, war doch im Mittelalter in der Erfurter Innenstadt der Baugrund knapp.

Blieb die äußere Gestalt der Michaeliskirche durch die Jahrhunderte hindurch auch nahezu unverändert, so wurde sie aber immer wieder restauriert und neu ausgestaltet. Das geschah in der Barockzeit, aber auch im 19. Jh., als die Kirche 1819/1820 im Inneren ein neugotisches Gewand erhielt. Bei den umfassenden Renovierungen in unserem Jahrhundert entfernte man die Emporen und nahm eine schlichte Ausmalung vor. Dadurch zeigt sich der Raum lichter und weiter. Mit der Renovierung im Jahre 1960 kam der *Altaraufbau,* ein ehemaliges Epitaph eines Ratsherrn (1632), in die Kirche. Der *Taufstein* stammt aus dem 15. Jh. und der Orgelprospekt aus dem Jahre 1652. Das an einen Arkadenpfeiler gemalte Bild mit Johannes dem Evangelisten entstand in der ersten Hälfte des 15. Jh. Die beiden Epitaphe rechts neben dem Altar und links neben der Orgel sind Arbeiten aus dem 16. Jh. Die *Grabplatten,* zumeist von Erfurter Bürgern, gehören dem 16. und 17. Jh. an.

Bei den jüngsten Renovierungsarbeiten konnte im Erdgeschoß des Turmes, das noch romanischen Ursprungs ist, die *Sakristei* mit ihren spätgotischen Kreuzrippengewölben als Andachtsraum hergerichtet werden. Im *Inneren der Dreifaltigkeitskapelle* wird die Renaissanceausmalung, die bei der Renovierung im Jahre 1928 mit Putz überdeckt wurde, restauriert.

Die neben dem Turm befindliche *Dreifaltigkeitskapelle* weist außen an ihrem Erker unterhalb der Fenster drei im Jahre 1500 angebrachte Hochreliefs auf. In der Mitte sind Maria mit dem Stifter der Kapelle, links der Erzengel Michael mit dem Drachen und rechts die hl. Katharina mit Schwert und Rad dargestellt worden.

Der Friedhof mit Grabmalen aus dem 18. und 19. Jh. wurde 1978 für Veranstaltungen im Freien und zum Verweilen hergerichtet. Dort befindet sich an der Rückwand der Dreifaltigkeitskapelle auch eine Plastik mit dem hl. Martin zu Pferde, der seinen Mantel mit einem Bettler teilt. Diese aus der Zeit um 1500 stammende Plastik aus Sandstein wird in starkem Maße durch Umwelteinflüsse zerstört.

72. Andreaskirche um 1850 (Lithographie nach einer Zeichnung von H. Kruspe)

Andreaskirche

1. Kurzcharakteristik

Die Kirche liegt in der Andreasstraße, Ecke Webergasse, unweit des Domplatzes. Der Turm steht gleichsam in der Andreasstraße und schloß so architektonisch den einstigen Rubenmarkt ab, der vom heutigen Domplatz bis zur Andreaskirche reichte.

Sie war von jeher Pfarrkirche. 200 Jahre nutzten auch die Nonnen des Benediktinerinnenklosters am Hange des Petersberges die Kirche mit. Der Baustil ist nicht einheitlich. Der Unterteil des Turmes und ein Nordfenster sind romanisch. Die gotischen Teile wurden durch nachfolgende Umbauten verändert. Später erhielt die Kirche eine barocke Ausstattung mit einem Kanzelaltar. Beachtenswert ist die gotische Figurengruppe über dem Südportal.

73. Andreaskirche,
Westansicht
mit Gemeindehaus

74. Andreaskirche,
Südportal:
Kreuzigungsgruppe,
links Petrus,
rechts Andreas

2. Zeittafel

Anf. 13. Jh.	Baubeginn
1325	Verleihung eines Ablasses für den Kirchbau
1416	Kirche durch Großbrand im Andreasviertel beschädigt
1418	Wiederaufbau beendet
1484	Weihe des Nonnenchores
ab 1522	Andreaskirche evangelische Gemeindekirche (erste evangelische Predigt bereits 1521)
ab 1688	Umbau der Andreaskirche, berocke Ausstattung
1806	Starke Beschädigung der Kirche durch Explosion
1827	Wegen Baufälligkeit geschlossen
bis 1830	Kirche wieder instand gesetzt
1926	Bau eines großen Gemeindehaussaales
1945	Beschädigung des Kirchendaches durch Luftmine

115

1951   Gründung des Andreaskammerorchesters
        (s. Augustinerkirche)
1973   Vereinigung der Michaelisgemeinde mit
        der Andreasgemeinde
1983   Innenausmalung

3. Nutzungsgeschichte

Die Andreaskirche hat nach einer urkundlichen Bemerkung schon im Jahre 1182 als Pfarrkirche »an der Stelle des alten Schilderode« bestanden, doch kann es sich noch nicht um das heutige Kirchengebäude handeln. Dessen Anfänge liegen in der ersten Hälfte des 13. Jahrhunderts. Das verschiedentlich angegebene Baujahr 1203 ist nicht gesichert. Von 1216 ab werden Pfarrer der Andreaskirche häufiger erwähnt. 1325 wird ein Ablaß zum Bau der Andreaskirche verliehen.

Im Jahre 1416 wurde durch einen großen Brand das Andreasviertel in Asche gelegt. Die Kirche, dabei schwer beschädigt, konnte schon innerhalb von zwei Jahren wieder aufgebaut werden. Damals hat sie im wesentlichen ihre heutige Form erhalten. 1604 erfolgte die Vereinigung der Moritzgemeinde mit der Andreasgemeinde. Das Kirchensiegel von 1751 führt daher neben der Abbildung des Andreas auch die des Mauritius.

Schon in früher Zeit war die Kirche mit dem Benediktiner-Nonnenkloster verbunden. Es befand sich ursprünglich an der Stelle der heutigen Severikirche und wurde später nach dem Cyriaksberg (Gelände der heutigen iga) verlegt. 1399 erhielt dieses Kloster sämtliche Einkünfte der Andreaskirche zugewiesen. 1478 mußten die Nonnen vom Cyriaksberg weichen, da dort eine Festung, die Cyriaksburg, entstand.

Schließlich bauten sie sich in den Jahren 1482 bis 1488 ein neues Kloster, und zwar gegenüber der Andreaskirche am Hang des Petersberges. Sie nutzten nun die Andreaskirche als Gottesdienststätte mit. Dazu erfolgte der Einbau des Nonnenchores auf der Westempore und der Bau eines Verbindungsganges über die Andreasstraße hinweg. Obwohl die Kirche seit der Reformation evangelisch war, diente der Nonnenchor noch bis 1689 als Gottesdienstraum für das Kloster. In jenem Jahr wurde das Kloster erneut verlegt, da die

kurmainzische Herrschaft den Petersberg zur Zitadelle aus-
bauen ließ. Die Nonnen erhielten ein neues Domizil am
rechten Geraufer unmittelbar nördlich der Lehmannsbrücke.
Den Verbindungsgang über die Andreasstraße brach man ab.
Der Mauerbogen in der Westfassade der Kirche ist noch deutlich zu erkennen.

Ab Ende des 17. Jh. beginnt eine weitgehende Umgestaltung
der Andreaskirche. Das Tonnengewölbe wird durch eine
Flachdecke ersetzt, um Emporen einbauen zu können. Der
Kanzelaltar und eine neue Orgel werden aufgestellt.

Der erste evangelische Pfarrer der Andreasgemeinde war
Melchior Weidemann – ein Klosterbruder Martin Luthers –,
dessen Name auch unter den Schmalkaldischen Artikeln steht.
Weitere Pfarrer der Andreasgemeinde waren u. a. Michael
Altenburg von 1637 bis 1640, der Schöpfer des Liedes »Ver-
zage nicht, du Häuflein klein« (EKG 211), und Christian
Gotthilf Salzmann von 1772 bis 1781. Dieser gehörte zu den
führenden Pädagogen der Aufklärungszeit. Durch seine
Schriften und die Gründung der Schule in Schnepfenthal bei
Waltershausen, aus der bedeutende Schulmänner wie Johann
Christoph Friedrich GuthsMuths hervorgegangen sind, hat
er einen weitreichenden Einfluß auf das Erziehungswesen
ausgeübt. Die Namen der genannten Pfarrer und der Wort-
laut des Liedes sind an den Emporen zu lesen.

1836 spaltet sich unter Führung von Pfarrer Grabau ein Teil
der Andreasgemeinde ab und gründet die Altlutherische Gemeinde in Erfurt (s. Christuskirche).

Wie schon der Zeittafel zu entnehmen ist, hat die Andreaskirche in Kriegszeiten wiederholt Schaden genommen. Im
Dreißigjährigen Krieg brachen die Schweden das Turmdach
ab und setzten eine Batterie auf den Turm. In den napoleonischen Kriegen waren Kirche und Friedhof Munitionslager
der Franzosen. Bei einer Explosion wurde die Kirche schwer
beschädigt. Im zweiten Weltkrieg verursachte eine Luftmine
Zerstörungen am Gebäude.

Nach der Aufhebung des Festungszwanges im Jahre 1873
wuchs die Stadt besonders auch in nordwestlicher Richtung.
Daher kam um die Jahrhundertwende der Gedanke auf, die
ehemalige Peterskirche als Kirche für die Andreasgemeinde

zu nutzen. Statt dessen erfolgte 1926 der Bau eines Gemeindehauses mit großem, kirchenähnlichen Saal unmittelbar neben der Andreaskirche.

Heute hat die Andreasgemeinde wohl die größte Ausdehnung von allen evangelischen Gemeinden Erfurts. Die Vereinigung mit der Michaelisgemeinde und das Neubaugebiet ganz im Norden der Stadt haben entscheidend dazu beigetragen.

4. Beschreibung von Einzelheiten

Über dem Portal an der Südseite der Kirche, das der Webergasse zugewandt ist, befinden sich ein *Kreuzigungsrelief* und die Figuren des Petrus und Andreas. Sie stammen aus der Zeit um 1370 und werden dem Meister des Severisarkophages zugeschrieben.

Der *Kanzelaltar* wurde 1688 aufgestellt und 1710 erneuert. Die beiden *Fenster* links und rechts des Altars entstanden 1950 nach Entwürfen von Prof. Heina, Erfurt. Über der Sakristeitür sieht man ein *Holzrelief*, das Martin Luther darstellt. Es ist das Holzmodell der in Jena befindlichen Bronzegrabplatte Luthers. Sie wurde 1548 in Erfurt gegossen.

Die *Sandsteinplastik* der Beweinung Christi entstand um 1450. Die beiden Kronleuchter sind 1640 gefertigt worden.

Der *Orgelprospekt* stammt aus dem Jahr 1787.

Die Kirche besitzt eine *Abendmahlskanne* von 1621 sowie zwei vergoldete Kelche aus dem 16. Jh. Die älteste Glocke (1599) wiegt 32 Zentner.

Lutherkirche

1. Kurzcharakteristik

Dieser interessante große Kirchenbau mit seinem 50 m hohen Turm wurde 1927 an der heutigen Karl-Marx-Allee errichtet. Er entstand verspätet als Gemeindekirche für den bereits in den Jahren 1873 bis 1914 entlang der Karl-Marx-Allee und im Bereich der Bebelstraße gebauten Stadtteil »Johannesvorstadt«.

Heute sind auch noch die evangelischen Einwohner des Neubaugebietes »Johannesplatz« der Luthergemeinde zugeordnet. Die etwa 1000 Besucher fassende Kirche ist saalähnlich gestaltet und hat eine besonders gute Akustik. Deshalb werden in ihr übergemeindliche Kirchenmusiken und Evangelisationsveranstaltungen durchgeführt.

77. Lutherkirche
mit Pfarrhaus

2. Zeittafel

1904 und 1907	Errichtung je einer besonderen Pfarrstelle in der Augustinergemeinde für die Johannesvorstadt
1905	Gründung des Kirchbauvereins Johannesvorstadt
1913	Bau des Gemeindehauses in der Gerberstraße, es wird bis 1927 als Gottesdienststätte genutzt
1914	Baupläne für die Lutherkirche erstellt, erster Weltkrieg verhindert Bau
1926–1927	Bau der Lutherkirche nach neuerstellten Plänen, Einweihung am 10. 12. 1927
1977	Übergabe des Gemeindehauses an das Posaunenwerk
1977–1983	Umgestaltung der Kirche zu einem Gemeindezentrum

78. Lutherkirche,
Innenraum vor der
Renovierung

3. Nutzungsgeschichte

Die Lutherkirche ist die jüngste evangelische Kirche in Erfurt. Die Geschichte ihres Baus stellt einen sich über mehrere Jahrzehnte hinziehenden Prozeß dar, der kirchengeschichtlich sehr interessant ist.

Erfurt entwickelte sich bis zum ersten Weltkrieg zu einer Großstadt mit etwa 130 000 Einwohnern. Nach 1873 und verstärkt ab 1890 entstand im Norden Erfurts im Bereich der heutigen Karl-Marx-Allee ein großer Stadtteil. Er erhielt damals die Bezeichnung »Johannesvorstadt«. Es wurden dicht beieinander drei- und viergeschossige Wohnblöcke für die zumeist aus dem Thüringer Raum zuziehende Landbevölkerung gebaut. Sie fand vor allem in den neuentstehenden Fabriken Arbeit.

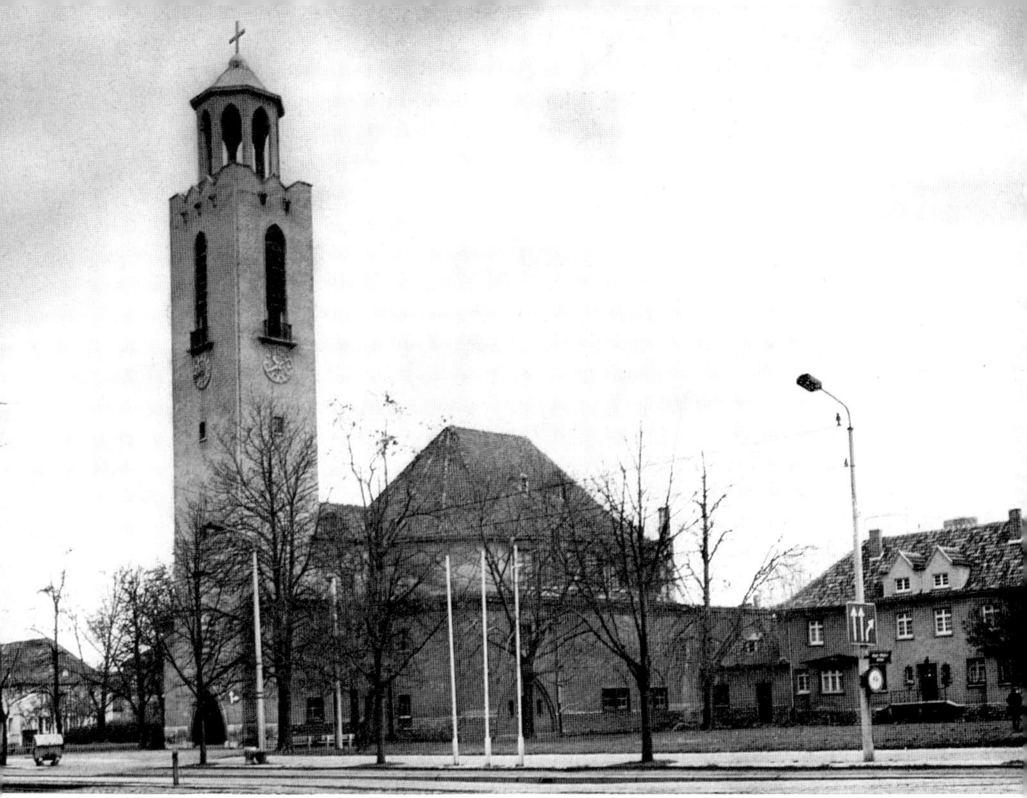

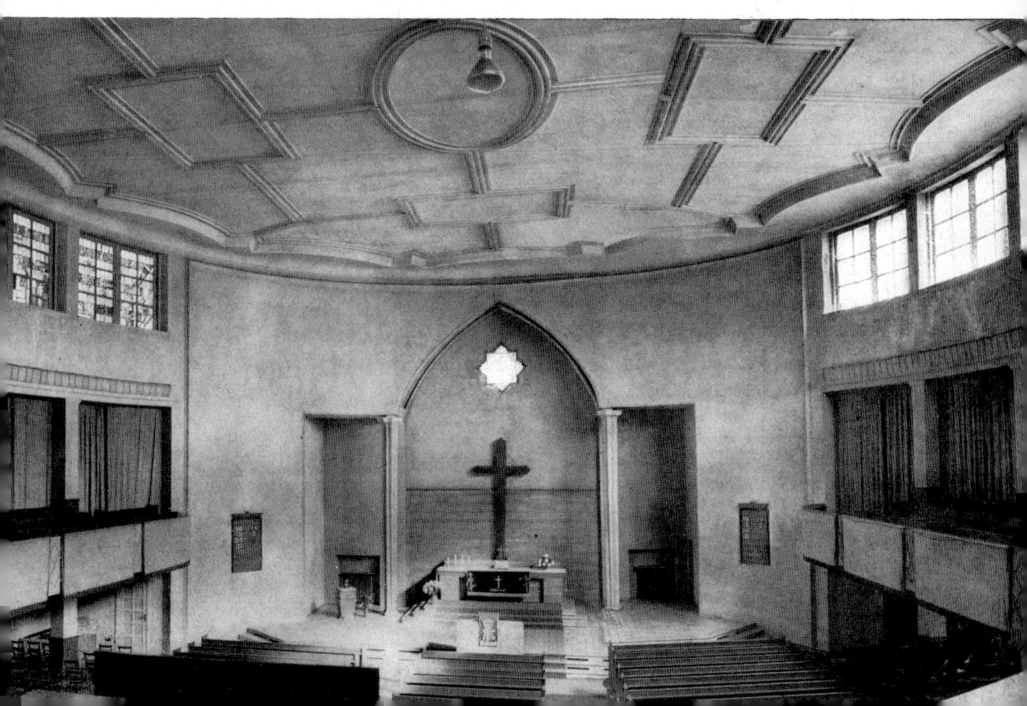

Vorerst erfolgte eine kirchliche Zuordnung dieses neuen Stadtteils zur Augustinergemeinde. Diese war damals eine gewachsene, in sich geschlossene Kirchgemeinde. Vielfältig waren darin die persönlichen, familiären und traditionellen Bindungen. Die Bewohner der Johannesvorstadt hingegen lebten voneinander isoliert in einem Mietskasernenviertel. Alsbald standen so in der Augustinergemeinde etwa 5000 »alten« ungefähr 25 000 »registrierte neue« Gemeindeglieder gegenüber.

In den Jahren 1904 und 1907 erfolgte in der Augustinergemeinde die Errichtung je einer Pfarrstelle für die kirchliche Arbeit in der Johannesvorstadt. 1905 kam es schließlich zur Gründung des »Kirchbauvereins Johannesvorstadt«.

Die unermüdliche Arbeit der Pfarrer in der Johannesvorstadt führte zu zwei wichtigen Ergebnissen: Einmal entstand faktisch eine neue Kirchgemeinde, die aber erst 1921 unter dem Namen »Luthergemeinde« rechtlich selbständig wurde. Zum anderen konnten von den Gemeindegliedern der Johannesvorstadt durch Spenden umfangreiche Mittel für den Bau einer Kirche und eines Gemeindehauses aufgebracht werden.

Spätestens seit der Jahrhundertwende traten in allen Kirchgemeinden neben dem Gottesdienst die Jugend- und Frauenarbeit, die Bibelstunden und die Chormusik sowie gesellige Gemeindeveranstaltungen immer stärker in Erscheinung. Das »Vereinswesen« weltlicher Art, als wichtige Komponente der Freizeitgestaltung in jener Zeit, wurde so auch in den kirchlichen Raum hineingetragen und dort weiterentwickelt. Dazu bedurfte es der entsprechenden Räumlichkeiten. Aus diesem Grunde wurde 1913 ein großes Gemeindehaus errichtet, das erste dieser Art in Erfurt. Sofort war es ein wichtiges Zentrum volkskirchlicher Aktivität in der Johannesstadt. Außerdem diente es bis zum Bau der Kirche, länger als beabsichtigt, auch als Gottesdienststätte.

Für den Kirchbau wurde 1913 ein öffentlicher Wettbewerb unter den Erfurter Architekten ausgeschrieben. Der erste Weltkrieg verhinderte die Bauausführung. 1917 wurde des 400. Jahrestags der Reformation gedacht. Im Rahmen der Jubiläumsfeierlichkeiten erfolgte am 10. November formal

die Grundsteinlegung zum Bau der Lutherkirche. Durch

Krieg und Inflation ging jedoch das Geld für den Kirchbau verloren. Unter der Losung »Jetzt oder nie« beschafften zu jener Zeit die in der Luthergemeinde amtierenden Pfarrer aus Gemeindespenden, Zuwendungen und Krediten erneut die erforderlichen Mittel. Ein Wettbewerb wurde ausgeschrieben. Der Entwurf des Architekten Peter Jürgensen, Charlottenburg, gelangte zur Ausführung. Am 10. Dezember 1927 konnte die Kirche eingeweiht werden. An diesem Tage im Jahre 1520 hatte Luther die päpstliche Bannandrohungsbulle öffentlich vor den Toren Wittenbergs verbrannt. Die Wahl dieses Termins charakterisiert die ökumenische Situation der zwanziger Jahre in Erfurt. An kritischen Bemerkungen zum Bau der Lutherkirche hat es nicht gefehlt. Die einen meinten, daß es wichtiger sei, Wohnungen statt Kirchen zu bauen. Andere verwiesen auf die zahlreichen Kirchenaustritte wie überhaupt auf den Rückgang des Gemeindelebens und des Gottesdienstbesuchs.

Die Lutherkirche wurde im zweiten Weltkrieg beschädigt. Bei der Wiederinstandsetzung erfolgte eine Veränderung der Dachzone, die jedoch den ursprünglichen Gesamteindruck nicht veränderte. 1975 kam das Neubaugebiet »Johannesplatz« zum Einzugsbereich der Lutherkirche. Das Gemeindehaus in der Gerberstraße erhielt im Jahre 1977 das Posaunenwerk übereignet. Dafür konnte die Lutherkirche durch Einbau neuer Räume zu einem Gemeindezentrum umgestaltet werden.

4. Einzelheiten

Über dem *Haupteingang* der Kirche ist zu lesen:
»Ich schäme mich des Evangeliums von Christo nicht, denn es ist eine Kraft Gottes, die da selig macht alle, die daran glauben« (Römer 1, 16). Der *Gottesdienstraum* ist ein ovaler Saal. Über dem Altar erhebt sich ein schlichtes, hohes Holzkreuz. Das darüber befindliche Fenster, es stellt das Christusmonogramm PX dar, entstand 1983. Die Kanzel, aus Travertin, befindet sich in der Mitte vor dem Altar. Die pneumatisch betriebene Orgel der Firma Rühlmann stammt aus dem Jahre 1928.

Die Kirche hat ein *Geläut* von sechs Klangstahlglocken. Die Namen der Glocken machen das Geläut erwähnenswert. So trägt die erste Glocke den Namen des Reformators »D. Martin Luther«, die zweite den des Apostels »St. Paulus«, die dritte den des evangelischen Liederdichters und entschiedenen Gegners einer Vereinigung der lutherischen mit der reformierten Kirche »Paul Gerhardt«, die vierte den des Hauptinitiators des Baus der Lutherkirche »Pfr. Otto Breithaupt«, die fünfte den seines Amtsbruders und Mitstreiters für den Kirchbau »Pfr. Friedrich Klapproth« und die sechste den des Stifters des Waisenhauses in Halle und bedeutenden Vertreters des Pietismus »August Hermann Francke«.

Die Benennung der Glocken mag uns heute merkwürdig anrühren. Sie dokumentiert aber ebenso wie der für das Hauptportal ausgewählte Bibelspruch die Glaubensauffassung der beiden Pfarrer und der durch sie geprägten Gemeinde.

Martinikirche

1. Kurzcharakteristik

Die klassizistische Kirche mit ihrem gotischen Turm war die Dorfkirche des 1911 nach Erfurt eingemeindeten Ortes Ilversgehoven. Sie liegt am Nordende der Hans-Sailer-Straße im ehemaligen parkähnlichen Martinifriedhof, der von einer noch nahezu ländlichen Bebauung umgeben ist.

79. Marienkirche, Südfassade

Daran grenzen mehrgeschossige Mietshausviertel aus der Zeit um die Jahrhundertwende, Wohnblöcke aus den fünfziger Jahren und das in den siebziger Jahren entstandene große Neubaugebiet »Rieth«.

Der sehenswerte Kirchenraum wurde in den Jahren 1960 bis 1970 stilgerecht erneuert. Der Turm erhielt einen Kupferhelm.

125

2. Zeittafel

80. Martinikirche, Innenraum mit Kanzelaltar (1838)

1157	Erstmalige urkundliche Erwähnung von Ilversgehoven
1456	Ein Kirchenneubau vollendet
um 1525	Ilversgehoven evangelisch
1618–1648	Kirche im Dreißigjährigen Krieg zerstört
1664	Wiederaufbau der Kirche
1813	Kirchenschiff durch Kriegseinwirkung zerstört
1818–1821	Klassizistischer Kirchenneubau (7. 10. 1821 eingeweiht)
1927	Renovierung der gesamten Kirche
1929	Gemeindehaus erbaut
1960–1970	Umfassende Innenrenovierung

3. Nutzungsgeschichte

Das Dorf Ilversgehoven war durch seine Lage eng mit Erfurt verbunden. 1157 wird es in einer Urkunde als eines der Küchendörfer des Mainzer Hofes erwähnt. In der zweiten Hälfte des 13. Jh. ging es dann in den Besitz der Stadt Erfurt über.

Lange bevor der Kirchenneubau von 1456 genannt wird – er war den Heiligen Markus und Nikolaus geweiht –, muß Ilversgehoven eine Kirche besessen haben. Wiederholt werden nämlich Pfarrherren von Ilversgehoven urkundlich erwähnt. Nachweislich seit 1824 wird die Kirche offiziell Martinikirche genannt.

Um 1525 wird Ilversgehoven evangelisch. Es zeigte sich auch in Ilversgehoven, daß der Glaubensstreit der Reformation noch lange sehr heftig war. So wird 1586 der Pfarrer von der Gemeinde abgesetzt, weil er zum Abendmahl nur die Hostie reichen will.

In kriegerischen Zeiten wurde das Dorf bis ins 19. Jh. immer wieder von Truppen, die Erfurt belagerten, in Mitleidenschaft gezogen. So brannte die Kirche im Dreißigjährigen Krieg aus und wurde erst 1664 wieder notdürftig aufgebaut. Bei der Belagerung Erfurts durch preußische Truppen im November 1813 besetzten sie Ilversgehoven. Die französi-

sche Besatzung der Stadt machte einen Ausfall. Sie schlug die Preußen in die Flucht und setzte das Dorf in Brand. Das dabei zerstörte Kirchenschiff wurde nach einem Entwurf von Riedel im klassizistischen Stil bis 1821 wieder aufgebaut. 1838 konnte die Innenausstattung mit Kanzelaltar und Orgel vollendet werden. Die Renovierungen in den Jahren 1927 und 1960–1970 hatten auch das Ziel, dem um die Jahrhundertwende umgestalteten Inneren der Kirche die ursprüngliche klassizistische Fassung weitgehend zurückzugeben.

Das Wachstum der Stadt seit dem ausgehenden 19. Jh. hat einen besonders starken Einfluß auf die Martinigemeinde ausgeübt. Ab 1895 entstand auf der Flur des Dorfes Ilversgehoven im Bereich des heutigen Nordbahnhofs das wichtigste Industriegebiet Erfurts. In seiner Nähe wurden große Mietshausviertel erbaut.

1911 kommt Ilversgehoven zu Erfurt. Der umfangreiche Wohnungsbau in der Nähe der Martinigemeinde, der sich bis zur Gegenwart kontinuierlich fortsetzte und der in der Errichtung des Neubaugebietes »Rieth« seinen Abschluß fand, führte zur Einrichtung einer 2. und 3. Pfarrstelle.

1929 wird neben der Kirche ein Gemeindehaus erbaut, um den verschiedenen Anforderungen eines differenzierten Gemeindelebens gerecht werden zu können.

Um 1980 wurde in Erfurt das Neubaugebiet »Roter Berg« errichtet und kirchlich der Martinigemeinde zugeordnet. Wegen der großen Entfernung dieses Wohngebiets zur Martinikirche wird bei ihm ein zur Martinigemeinde gehörendes Gemeindezentrum eingerichtet. Die Grundsteinlegung erfolgte 1986. Es wird von der katholischen St. Josefsgemeinde mitgenutzt.

4. Einzelheiten

Die Kirche liegt, wie bereits erwähnt, am Ende der Hans-Sailer-Straße, auf die ihr eigentliches Hauptportal orientiert ist. Heute betritt man die Kirche durch eine Tür auf der Südseite des Turmes. Das *unterste Turmgeschoß* dient als Vorhalle der Kirche und ist als Ausstellungsraum gestaltet.

128 Schautafeln geben in aktueller Form Auskunft über die Ge-

schichte, die Veranstaltungen und das Selbstverständnis der Martinigemeinde.

Eine große Tür führt in den *Kirchenraum*. Der Blick fällt auf die *Kanzelaltarwand* von 1838, die fast die ganze Ostseite des Kirchenschiffes einnimmt.

Die *Empore,* die den Raum stark beherrscht, zieht sich an den anderen Seiten des Kirchenschiffes entlang. Sie wird von glatten hölzernen Säulen getragen. Gegenüber dem Altar auf der Westseite der Kirche befindet sich die ebenfalls 1838 gebaute und in den Jahren 1972–1974 restaurierte *Orgel.*

Von der flachen Decke hängen zwei glasperlengeschmückte Messingkronleuchter tief in das Kirchenschiff herab.

Die zwei farbigen Glasfenster beiderseits des Altars stammen aus der Zeit um die Jahrhundertwende.

Der ganz in Weiß gehaltene Raum vermittelt eine festliche Atmosphäre. Er lädt zum Verweilen und Wiederkommen ein.

Eben-Ezer-Kapelle

Die im Hofgrundstück Karl-Marx-Allee 10 gelegene Kapelle wurde 1920 eingeweiht. Sie ist der Versammlungs-, Gottesdienst- und Taufraum der im Jahre 1905 gegründeten Evangelisch-Freikirchlichen Gemeinde Erfurt. Vor 1941 hieß sie »Gemeinde gläubig getaufter Christen« (Baptisten).

Der Beginn des Baptismus liegt in der nachreformatorischen Zeit. Er wurzelt in der Täuferbewegung. Die bewußte Glaubensentscheidung steht im Mittelpunkt des Glaubensverständnisses der Baptisten. Sie sind daher der Überzeugung, daß eine Taufe im biblischen Sinne nur dann stattfinden kann, wenn der persönliche Glaube des zu Taufenden zuvor vorhanden ist und von ihm vor der Gemeinde bekannt wird. Die ersten baptistischen Taufen in Erfurt fanden im Gründungsjahr der Gemeinde in der Gera im Norden Erfurts statt.

Die Erfurter Gemeinde war zu Anfang sehr klein. Sie vergrößerte sich vor dem ersten Weltkrieg und in den zwanziger Jahren vor allem durch missionierende Tätigkeit in Erfurt-Nord. Nach den beiden Weltkriegen kamen Umsiedler aus dem Osten hinzu.
Die Erfurter Gemeinde ist ein Zentrum für die anderen Evangelisch-Freikirchlichen Gemeinden im Thüringer Raum. Die einzelnen örtlichen Gemeinden sind im Bund Evangelisch-Freikirchlicher Gemeinden in der DDR zusammengeschlossen. Sie gehören der Evangelischen Allianz an.
Alljährlich wird der Abschlußgottesdienst der Allianzgebetswoche in Erfurt zusammen mit der Evangelisch-Methodistischen Kirche (s. Ägidienkirche), den Landeskirchlichen Gemeinschaften und der Evangelischen Kirche in der Eben-Ezer-Kapelle gefeiert.
In den USA, England und der Sowjetunion leben heute die meisten Baptisten. Der Bürgerrechtskämpfer Martin Luther King war baptistischer Pastor.

Christuskirche

Die eintürmige Evangelisch-lutherische Christuskirche liegt in der Tettaustraße am Rande der Grünanlagen zwischen Philipp-Müller-Platz und Espachstraße in der Nähe der iga. Die Kirche wurde 1912 bis 1913 zusammen mit dem angrenzenden Pfarrhaus und Gemeindesaal erbaut und dient der »altlutherischen Gemeinde« in und um Erfurt für ihre sonntäglichen Gottesdienste, steht aber auch für Kirchentagsveranstaltungen und ökumenische Gottesdienste zur Verfügung.
»Evangelisch-lutherische Kirche« ist die offizielle Bezeichnung für die »altlutherisch« genannte Kirchengemeinschaft. Um das Jahr 1830 kam es im damaligen Preußen zur staatlich verfügten verwaltungsmäßigen Vereinigung der lutherischen und reformierten Gemeinden, zur Bildung der Kirchenunion. Als Reaktion auf die dabei auch angestrebten konfessionellen 131

Verwischungen wurde in jenen Jahren die »Evangelisch-lutherische Kirche (in Preußen)« als erste vom Staat unabhängige
lutherische Kirche auf deutschem Boden gegründet.

Erfurt gehörte seit 1813 zu Preußen. Für die Evangelische
Kirche in Erfurt und damit für alle ihre Gemeinden wurde
somit die Kirchenunion verbindlich. Aber auch in Erfurt
entwickelte sich 1836 eine selbständige altlutherische Gemeinde (s. Andreaskirche).

Lange Zeit in einem bescheidenen Saal in der Erfurter Innenstadt untergebracht, erfolgte im Jahre 1912/13 der Bau der
Christuskirche. Sie ist das größte altlutherische Kirchengebäude Thüringens.

Bei der Umgestaltung des Kirchenraumes im Jahre 1958
wurden mehrere beachtenswerte Holzplastiken aufgestellt. Zu
ihnen gehören das Kruzifix mit dem triumphierenden Christus, der auf den Symbolgestalten der vier Apostel ruhende
Altar und die Kanzel (Ambo) mit den zwölf Aposteln. Die
Orgel (Firma Schuster) wurde 1955 aufgestellt. Von 1973 bis
1976 erfolgte eine Renovierung des Kirchenraumes und des
Gemeindesaales.

Türme
ehemaliger Kirchen

Im mittelalterlichen Erfurt fehlte es, von der Kaufmannskirche einmal abgesehen, an großen Gemeindekirchen.

Die Bettelmönchsorden, die sich in Erfurt niederließen, erbauten große Klosterkirchen, die als Predigtkirchen dieser Orden dienten. Im Rahmen der Reformation, als die Predigt in den Mittelpunkt des Gottesdienstes rückte, wurden diese zu evangelischen Gemeindekirchen. Im Einzugsbereich der ehemaligen Klöster gelegene kleinere Kirchen wurden in der Regel geschlossen. Sie verfielen im Laufe der Zeit und wurden zumeist abgebrochen. Den ehemaligen Klosterkirchen fehlte es aber an großen Türmen zur Aufnahme eines umfangreichen Geläutes. Daher erhielt jede dieser neuen Gemeindekirchen den Turm einer benachbarten, nunmehr geschlossenen Kirche als Glockenturm zugewiesen. Die Barfüßerkirche bekam den Turm der am Anger gelegenen Bartholomäuskirche, die Predigerkirche den Turm der benachbarten Paulskirche und die Augustinerkirche den an der heutigen Leninstraße stehenden Turm der Johanneskirche.

Die Michaeliskirche, die zwar keine Klosterkirche war, wurde nach der Reformation ebenfalls evangelische Pfarrkirche für mehrere ehemalige Kirchgemeinden. Der kleine Turm der Michaeliskirche reichte nicht aus, das Geläut überall in der nun recht ausgedehnten Gemeinde hörbar zu machen. Deshalb wurde der Turm der nördlich der Michaeliskirche gelegenen Georgskirche als zweiter Glockenturm genutzt.

Da die vier genannten Türme noch erhalten sind und zumindest bis in unser Jahrhundert hinein noch als Glockentürme evangelischer Kirchen Verwendung fanden, sollen sie und die nicht mehr vorhandenen Gotteshäuser, deren Türme sie einst waren, an dieser Stelle nicht unerwähnt bleiben. 133

Bartholomäusturm

1. Kurzcharakeristik

Der Turm der ehemaligen Bartholomäuskirche steht am Anger zwischen Grafen- und Weitergasse. Sein spitzer, achtseitiger Helm ragte einst weit über die umliegenden Gebäude hinaus. Er wurde bei der Besetzung Erfurts durch Artilleriebeschuß amerikanischer Truppen im April 1945 zerstört. Ursprünglich war die aus dem 12. Jh. stammende Bartholomäuskirche die Hofkirche der Grafen von Gleichen, mit deren an der gegenüberliegenden Seite der Grafengasse gelegenen Stadthaus sie durch einen bogenförmigen Übergang verbunden war. Bald aber war sie das Zentrum einer bedeutenden Gemeinde.

Während der Reformation kam es zur Bildung der Barfüßergemeinde durch Zusammenschluß der Bartholomäi-, Viti- und Wigbertigemeinde. In diesem Zusammenhang wurde der Turm der Bartholomäuskirche zum Glockenturm der Barfüßerkirche bestimmt. Seine Glocken mußten im zweiten Weltkrieg zur Verhüttung abgegeben werden. 1977 sind die Barfüßerkirche und der Bartholomäusturm in die Rechtsträgerschaft des Rates der Stadt übergegangen. Er ließ im Turm ein Glockenspiel installieren. Seitdem werden regelmäßig und besonders bei festlichen Anlässen auf dem zum Einkaufsboulevard umgestalteten Anger Glockenspielkonzerte dargeboten.

Das oberste der vier äußeren Turmgeschosse enthält an jeder Seite ein gotisches Fenster und wird von einer mit Fischblasenmaßwerk geschmückten Galerie gekrönt. An den Ecken befinden sich steinerne Abflußröhren.

Am untersten Geschoß ist ein schönes Epitaph aus der Zeit um 1513 zu finden. Es stellt »Christus in Gethsemane« dar.

2. Zeittafel

1248	Bartholomäuskirche urkundlich erwähnt
1412	Beginn des Neubaues des Turmes, der heute noch vorhanden ist (Inschrift an der Außenwand des Erdgeschosses)

4. Bartholomäusturm mit Fußgängerbereich Anger

135

1571	Schließung der Kirche wegen Baufälligkeit
1591	Bartholomäusturm Glockenturm der Barfüßerkirche
1660	Zerstörung der Kirche mit Ausnahme des Turmes durch Brand
1979	Installation eines fünfoktavigen Glockenspiels

Johannesturm

1. Kurzcharakteristik

Der Johannesturm, früher Turm der Johanneskirche, seit der Reformation Glockenturm der Augustinerkirche, steht in der Leninstraße an der Ecke der Franckestraße.

Zunächst, vermutlich in der Mitte des 12. Jh., im romanischen Stil errichtet, wurde die Kirche nach einem Brand im Jahre 1277, dem auch 500 Häuser in ihrer Umgebung zum Opfer fielen, 1291 hochgotisch wieder erbaut. Diesem Bau folgte die in der zweiten Hälfte des 15. Jh. errichtete Kirche, die bis auf ihren hohen Turm 1819 abgebrochen wurde.

Zur Zeit der Reformation wurde die Johanneskirche für den Gottesdienst geschlossen. Die große Johannesgemeinde, vereinigt mit der kleinen Gotthardtgemeinde, erhielt die Kirche des Augustinerklosters zur Pfarrkirche. Noch bis ins 19. Jh. hinein trug daher die Augustinergemeinde den Namen Johannesgemeinde. In Kriegszeiten, so im Siebenjährigen Krieg und zuletzt zur Zeit der napoleonischen Besatzung, war das Kirchenschiff Futtermagazin. Dann erfolgte der Verkauf der Kirche in Privathand.

Der Turm mit seinen großen gotischen Fenstern im Obergeschoß wurde um 1883 restauriert. Dabei erhielt er eine Maßwerkgalerie und acht Fialen aufgesetzt. An zwei Außenwänden des dritten Geschosses befindet sich je ein Zifferblatt der zu dieser Zeit eingebauten Turmuhr.

2. Zeittafel

| 1265 | Erste urkundliche Erwähnung der Johanneskirche als Pfarrkirche |

137

1469–1486	Neubau der Johanneskirche samt Turm
um 1525	Schließung der Kirche für Gottesdienste
1819	Abbruch der Kirche mit Ausnahme des Turmes

Paulsturm

1. Kurzcharakteristik

Der hochaufragende Paulsturm schließt die Predigerstraße an der Westseite ihrer platzförmigen Erweiterung ab. Er ist der Turm der ehemaligen Paulskirche und seit der Reformation bis zum heutigen Tage der Predigerkirche. Zur Zeit der Reformation kam die evangelische Bevölkerung der Paulsgemeinde zur neugebildeten Predigergemeinde. Seitdem werden in der Paulskirche kaum noch Gottesdienste gefeiert worden sein. Beim großen Brand im Stadtviertel um die Predigerkirche im Jahre 1736 wurde die Paulskirche zerstört. Der Rat der Stadt ließ etwa zwanzig Jahre später die Ruinen abbrechen. Der Turm wurde wiederhergestellt und dabei um ein Stockwerk erhöht.

Die drei unteren Turmgeschosse haben einen quadratischen, die beiden oberen einen achteckigen Grundriß. Das oberste Stockwerk besitzt nach jeder Himmelsrichtung eine große Fensteröffnung als Schalloch. Das Dach, ein niedriges, achtseitiges Zeltdach, wird von einem Turmknopf gekrönt.

An den Paulsturm lehnt sich ein zweigeschossiges Gebäude an, das im vorigen Jahrhundert noch einige Schulräume enthielt. Heute beherbergt es den Kindergarten der Predigergemeinde. Der Turm selbst und der sich anschließende Hof werden von der Bauabteilung der kirchlichen Werkstätten genutzt.

2. Zeittafel

1216	Urkundliche Erwähnung der Paulskirche
1229	Die Predigermönche (Dominikaner) siedeln sich in der Nähe der Paulskirche an
1465	Bau des Paulsturmes

1468	Vermutlich ein Neubau der Paulskirche (Inschrift an der Mauer neben dem Kindergarten der Predigergemeinde in der Paulstraße)
1736	Zerstörung der Paulskirche durch Brand
1737	Wiederherstellung des Turmes
1759	Abbruch der Reste des Kirchenschiffes

Georgsturm

1. Kurzcharakteristik

Der Georgsturm ist der Turm der ehemaligen Georgskirche, die 1632 abgebrochen wurde. Er steht inmitten eines Häusergewirrs in der Nähe der nördlichen Michaelisstraße. Aus den umliegenden Straßen und Gassen ist er gut zu sehen, wenngleich er längst nicht so hoch ist wie etwa der Johannes- oder Paulsturm.

Zur Zeit der Reformation wurde die Georgsgemeinde der Michaelisgemeinde angegliedert. Von da ab bis zur Vereinigung der Michaelisgemeinde mit der Andreasgemeinde im Jahre 1973 diente der Georgsturm der Michaelisgemeinde als zweiter Glockenturm.

Die beiden Glocken, die sich noch im Georgsturm befanden, wurden 1980 in den Turm der Michaeliskirche überführt. Eine von ihnen, sie wurde 1380 gegossen, ist die älteste erhaltene Glocke Erfurts. Zur Zeit ist der Georgsturm ungenutzt. Er ist dreigeschossig und wird durch ein kurzes Walmdach abgeschlossen. Das oberste Geschoß besitzt an jeder Seite ein Fenster mit gotischem Maßwerk.

2. Zeittafel

1132	Urkundliche Erwähnung der Georgskirche
um 1290	Bau einer Kirche an der Stelle einer älteren Kapelle
1380	Bau des heute noch vorhandenen Turmes
1632	Abbruch des Kirchenschiffes durch die Schweden für den Festungsbau
1670	Größere Reparaturen am Turm

141

Kirchen
im Erfurter Südosten

Im Erfurter Südosten befinden sich die Ortsteile Daberstedt, Melchendorf und Dittelstedt. Die dortigen evangelischen Kirchen, die Lukaskirche in Daberstedt und die Gustav-Adolf-Kirche in Melchendorf/Dittelstedt, sind zu Anfang des 20. Jh. erbaut worden. Die heutige Siedlung Daberstedt entstand nämlich erst gegen Ende des 19. Jh. Die Orte Melchendorf und Dittelstedt hatten als ehemalige Küchendörfer des Mainzer Hofes bis ins 19. Jh. hinein keine evangelischen Bewohner.

Daberstedt kam 1905, Melchendorf 1938 und Dittelstedt 1950 zum Stadtkreis Erfurt.

Beide evangelischen Gemeinden, Daberstedt und Melchendorf/Dittelstedt, waren von jeher durch einen gemeinsamen Pfarrer verbunden. Zu Beginn des Jahres 1980 sind schließlich beide Gemeinden zu einem Kirchspiel vereinigt worden. Neue kirchliche Aufgaben entstehen durch das große Neubaugebiet Erfurt-Südost, das sich nach seiner Fertigstellung, beginnend an der Lukaskirche in Daberstedt, über den großen Herrenberg und die Hänge um Melchendorf hinweg bis zum Ort Windischholzhausen erstrecken wird.

Lukaskirche in Daberstedt

Die Kirche wurde in den Jahren 1911 bis 1912 am Stadtweg für die neuentstandene Siedlung Daberstedt errichtet. Der Name der Siedlung soll an das alte, 1140 erstmals urkundlich

88. Lukaskirche
Daberstedt

143

erwähnte Dorf Daberstedt erinnern. Es war ein ehemaliges kurmainzisches Küchendorf mit katholischer Bevölkerung. 1813 durch napoleonische Truppen zerstört, wurde es nicht wieder aufgebaut.

Die Bewohner der neuen Siedlung Daberstedt, zumeist Bedienstete der Eisenbahn, waren größtenteils evangelisch und gründeten 1905 einen Kirchenbauverein. Mit Unterstützung des Gustav-Adolf-Vereins (s. Gustav-Adolf-Kirche in Melchendorf) konnten die Mittel für den Bau der Kirche aufgebracht werden. Der Entwurf für die Lukaskirche stammt vom Erfurter Architekten Kummer. Ihr barockisierender Stil zeigt sich in den Rundbogenfenstern, dem schönen Mansardendach und dem achteckigen zentralen Dachreiter mit Laterne. Der Innenraum, der keine Seitenemporen hat, ist hell gehalten. Seine Lichtfülle, heute in kirchlichen Räumen sehr erwünscht, wurde bei der Einweihung des sonst positiv bewerteten Neubaus von der Presse bemängelt.

Altartisch, Taufständer und Pultkanzel fertigten 1970 die kirchlichen Werkstätten Erfurt in moderner Form aus den Materialien Schmiedeeisen und Eichenholz.

Zeittafel

1890	Beginn des Baues der Siedlung Daberstedt im Bereich der Melchendorfer Straße
1912	Einweihung der Lukaskirche (4. 8.)
1945	Beschädigung der Kirche bei Luftangriffen
1948	Wiederherstellung der Kirche
1970	Innenrenovierung mit Neuausstattung

Gustav-Adolf-Kirche in Melchendorf/Dittelstedt

Die 1901 eingeweihte und von romanisierenden Stilelementen geprägte evangelische Kirche steht auf der Höhe des Großen Herrenbergs zwischen den ehemals rein katholischen Orten Dittelstedt und Melchendorf. Bis zu Beginn der acht-

89. Gustav-Adolf-K Melchendorf

ziger Jahre noch auf freiem Felde gelegen, war sie durch ihren 36 m hohen Turm mit dem steilen Zeltdach weithin sichtbar. Niemals zuvor ist Erfurt so rasch gewachsen wie in den beiden letzten Jahrzehnten des 19. Jh. Viele Zuzügler fanden damals keinen geeigneten oder preiswerten Wohnraum in der Stadt. Sie ließen sich in stadtnahen Orten, so auch in Dittelstedt und Melchendorf nieder. Diese Bewohner waren zumeist evangelisch. Sie besaßen nicht das Geld, um den Bau einer eigenen Kirche finanzieren zu können. So half der Gustav-Adolf-Verein, der bereits 1883 eine ähnliche Kirche in Hochheim (s. Johanneskirche in Hochheim) gebaut hatte. Der Gustav-Adolf-Verein, heute Gustav-Adolf-Werk, war am Reformationstag 1851 zur Unterstützung des evangelischen Gemeindelebens in vorwiegend katholischen Gebieten gegründet worden. An seinem 50. Jahrestag konnte die Kirche in Melchendorf/Dittelstedt eingeweiht werden. Der Entwurf für den Bau stammte vom Erfurter Architekten Kortüm, der u. a. auch die evangelische Kapelle in Witterda errichtete. Um das Jahr 1950 wurde die Gustav-Adolf-Kirche umfassend renoviert. Die Innenausstattung ist, wie auch die abgewinkelte Flachdecke mit der schmückenden Balkenkonstruktion, aus dunklem Holz gefertigt. Zu ihr gehören der Altartisch mit den beiden geschnitzten Apostelfiguren Petrus und Paulus, das große Kruzifix, Kanzel, Taufständer sowie die Prospektpfeifen der Orgel.

Für das große Neubaugebiet Erfurt-Südost wird neben der Kirche und in baulicher Verbindung zu ihr ein Gemeindehaus errichtet. Als Flachbau ausgeführt, fügt es sich in die Formenwelt des Neubaugebietes gut ein.

Zeittafel

1157	Urkundliche Erwähnung der Dörfer Melchendorf und Dittelstedt als in mainzischem Besitz befindlich
1900–1901	Bau der Gustav-Adolf-Kirche Einweihung am 31. 10. 1901
1951	Wiedereinweihung der Kirche nach Instandsetzungsarbeiten und Neuausstattung

Kirchen
in Gispersleben
und Marbach

Gispersleben ist von jeher wirtschaftlich und verwaltungs-
mäßig eng mit der Stadt Erfurt verbunden. Im 18. und
19. Jh. war es Verwaltungssitz für eine Gruppe ebenfalls zu
Erfurt gehörender Dörfern (Amt Gispersleben).
Gegen Ende des 19. Jh. setzte eine Industrialisierung des
bis dahin ausschließlich landwirtschaftlich und gärtnerisch
genutzten Raumes von Gispersleben ein, die bis zum heutigen
Tag andauert. Vom ausgehenden Mittelalter bis hin um das
Jahr 1800 hatte Gispersleben höchstens 500 bis 700 Einwohner, von da an stieg die Bevölkerungszahl, ohne das angrenzende Neubaugebiet, bis zum heutigen Tag auf etwa 5000
Einwohner. Die damit verbundene Verflechtung von Gispersleben mit Erfurt führte 1951 zur Eingemeindung.
Das alte Gispersleben bestand aus zwei Bauerndörfern, nämlich dem östlich der Gera gelegenen Gispersleben-Viti und
dem westlich des Flusses befindlichen Gispersleben-Kiliani,
jedes mit einer eigenen und seit der Reformation evangelischen Kirche.
Gispersleben war bis ins 19. Jh. hinein durch seine Stadtnähe
ständig von kriegerischen Ereignissen sehr in Mitleidenschaft
gezogen. Im Dreißigjährigen Krieg wurden beide Dörfer zur
Hälfte zerstört und die aus dem Mittelalter stammenden Kirchen, über deren Entstehungsgeschichte nichts bekannt ist,
sehr beschädigt. Nach dem Wiederaufbau der beiden Dörfer,
der sich etwa 75 Jahre hinzog und in dessen Verlauf 1735
Gispersleben-Kiliani erneut bis zur Hälfte abbrannte, erfolgte schließlich der Neubau der Vitikirche im Jahre 1726

und der Kilianikirche im Jahre 1792. Jeder der beiden Ortsteile von Gispersleben besitzt seitdem eine barocke Kirche
mit Kanzelaltar und weithin sichtbarem Turm. Jeder Ortsteil
hat noch heute seine eigene Kirchgemeinde. Beide Gemeinden
haben ein gemeinsames Pfarramt mit Sitz in Gispersleben-
Kiliani. Die Kilianikirche ist seit 1975 zugleich auch Gemeindekirche mit einem eigenen Pfarrer für das Neubaugebiet »Nordhäuser Straße«.

Kilianikirche
in Gispersleben

Die Kilianikirche, erhöht am Rande des einstigen Über-
schwemmungsbereichs der Gera erbaut, liegt unmittelbar
neben dem Heizkraftwerk Gispersleben.
Ihr Turm mit dem hohen spitzen Helm grüßt weit in das
angrenzende Neubaugebiet hinein. Für dieses Neubaugebiet
ist sie seit 1975 Gemeindekirche. Deshalb entstand neben
der Kirche in den letzten Jahren ein neues Gemeindezentrum
im Rahmen des Bauprogramms »Kirchen für neue Städte«
mit einem Gemeindehausneubau und dem auch nach denk-
malpflegerischem Gesichtspunkt restaurierten und moderni-
sierten barocken Pfarrhaus.
Das neue Gemeindehaus, das den Namen »Martin-Niemöl-
ler-Haus« trägt, hat einen Saal für 80 Personen, der im Win-
ter auch für Gottesdienste genutzt wird, und weitere Räume,
die der Gemeindearbeit dienen.
Das Innere der Kirche mit seinen zwei umlaufenden Emporen
wirkt sehr hoch und streng.
Gemälde im Kirchenraum erinnern an den Amtmann Käst-
ner, der sich im ausgehenden 18. Jh. um die Förderung der
Landwirtschaft verdient gemacht hat. Auch sorgte er für die
Verschönerung von Gispersleben und ließ das Geraufer in
Richtung Erfurt mit Bäumen bepflanzen. In seine Zeit fällt
der Kirchneubau von 1790/92. Die Gemeinde machte unter
seiner Anleitung Ödland urbar und baute Senf an. Der
Ertrag diente dem Bauvorhaben, die Bauleistungen selbst
wurden von den Gemeindegliedern unentgeltlich erbracht.

90. Kilianikirche
Gispersleben,
Turm und neues
Gemeindehaus
(Zustand 1982)

Links:
91. Kilianikirche
Gispersleben,
Innenraum mit Blick
auf den Kanzelaltar
(Zustand 1982)

Zeittafel

1735	Durch Dorfbrand Kirchturm, Pfarrhaus und Schule zerstört
1742–1744	Abbruch und Neuaufbau des Turmes der Kirche
1790–1792	Abbruch des Langhauses der Kirche und Neubau
1794	Spätbarocker Kanzelaltar aufgestellt
1831	Umfassende Baureparaturen, dabei Anbau des jetzigen Altarraumes
1907	Gebäudeschaden durch Blitzschlag, umfassende Reparatur, neue farbige Glasfenster im Altarraum
1956	Beseitigung der Kriegsschäden
1980–1982	Bau des »Martin-Niemöller-Hauses«
1982–1985	Kirchenrenovierung (einschließlich der Orgel)

Vitikirche in Gispersleben

Die Vitikirche liegt in einem idyllischen ehemaligen Friedhof. Die sie umgebende ländliche Bebauung ist sehr reizvoll und gepflegt. Der verhältnismäßig kleine Kirchenraum wirkt durch seine helle Ausmalung sehr anheimelnd auf den Besucher. Der farbig gestaltete Kanzelaltar ist mit Bildern geschmückt. Über die Entstehungszeit des mittelalterlichen Vorgängerbaus der heutigen Vitikirche ist nichts bekannt. Ein alter Taufstein von 1611 und eine spätgotische Pforte, der jetzige Eingang zum Turmzimmer, sind die einzigen Zeugen der alten Vitikirche, wenn man nicht annimmt, daß der gesamte Turm vom Vorgängerbau übernommen worden ist. Während der Reformationszeit erhält Viti ein eigenes Pfarrhaus. Zuvor kam zu kirchlichen Handlungen ein Priester aus Erfurt. Ab 1700 haben Viti und Kiliani, wie bereits erwähnt, nur noch einen gemeinsamen Pfarrer. Das Vitipfarrhaus wird als Schule genutzt.

Seite 152:
92. Vitikirche
Gispersleben

Seite 153:
93. Vitikirche
Gispersleben,
Kanzelaltar

151

Zeittafel

1726   Bau der jetzigen Kirche beendet
1790   Orgel eingeweiht
1853   Ziegeldach des Turmes durch hohen Turm-
              helm mit zwei Laternenetagen ersetzt
1904   Renovierung verändert ursprünglichen Zu-
              stand des Kircheninneren, farbige Glas-
              fenster im Altarraum
1969–1976   Umfassende Innenrenovierung
1983–1985   Umfassende Außeninstandsetzung

Gotthardtkirche in Marbach

Marbach, am Fuße des Westhangs des Erfurter Talkessels
gelegen, war schon im Mittelalter wegen seiner vielen Kirsch-
bäume berühmt. Hieß es doch damals »Marpach unter dem
Kirschfeste«. Die Bewohner dieses seit 1950 zu Erfurt ge-
hörenden Ortes sind nur zu einem Teil in den benachbarten
Gartenbaubetrieben tätig. Die Mehrzahl von ihnen geht einer
Erwerbstätigkeit in der Stadt nach.
Die kleine Kirche steht auf einem Bergsporn über dem Dorf.
Der bemerkenswerte achteckige Fachwerkturm wurde auf
romanischen Grundmauern im 19. Jh. errichtet. Das Geläut
befindet sich in einem eigens dafür erbauten Glockenhaus aus
Holz, das am Eingang zum Friedhof steht.
Das Kirchenschiff erhielt seine heutige Gestalt nach den Ver-
wüstungen der napoleonischen Kriege in den vierziger Jahren
des vorigen Jahrhunderts. Der Kanzelaltar und die Doppel-
emporen, die aus der Vorgängerkirche stammen, sowie die
Orgel von 1844 prägen das Innere des schlichten Kirchbaus,
der renoviert worden ist. Erst seit der Mitte des 19. Jh. hat
Marbach ein eigenes Pfarramt. Zuvor wurde es von Ilversgehoven aus, dem heutigen Erfurt-Nord (s. Martinikirche),
später dann von Geistlichen, die aus Erfurt kamen, betreut.
Unter Nutzung der Nebengebäude des Pfarrhauses wurde
1965 eine kirchliche Tagungsstätte errichtet, die vorzugsweise Konfirmandenrüsten dient.

Zeittafel

1211	Marbach erstmalig in Zusammenhang mit Kirchweihe erwähnt
1640	Vernichtung der mittelalterlichen Kirche durch Brand
1664	Bei kurmainzischer Belagerung Erfurts Dorf zerstört, nur der Kirchturm blieb stehen
1802	Neubau des Turmes, Einbau von Emporen, der Kanzel und des Altars
1813	Verwüstung der Kirche
1838	Kirche wegen Baufälligkeit geschlossen
1841–1842	Neubau des Kirchenschiffs und der Turmlaterne
1844	Neue Orgel
1982–1984	Gesamte Kirche renoviert

lung. In seinem Westteil erfolgte der Einbau von Gemeinde-
räumen.

Schmira kam 1656 vom Herzogtum Sachsen-Gotha an das
kurmainzische Erfurter Gebiet. Das Pfarramt in Schmira
war bis 1925 auch für die evangelischen Bewohner Hoch-
heims zuständig. Seitdem wird Schmira von Hochheim aus
kirchlich betreut.

Zeittafel

1291	Der Ort Smyre wird erstmals urkundlich erwähnt
1315	Kirche erwähnt
1813	Kirche schwer beschädigt
1842	Kirchenschiff neu errichtet
1868	Turm neu aufgeführt
1925	Verlegung des Pfarramtes nach Hochheim
1980	Beginn der Renovierung
1984	Wiedereinweihung der Kirche

Lukaskirche in Bindersleben

Der spitze, spätgotische Kirchturm bildet einen weithin sicht-
baren Punkt auf dem Hochplateau. Er war vom Mittelalter
bis ins 17. Jh. hinein zugleich Signalstation zwischen der Bien-
städter Warte und Erfurt. Diese Warttürme, von denen sich
zwei weitere in bzw. nördlich von Hopfgarten erhalten haben,
dienten der Beobachtung des weitläufigen Erfurter Gebiets.
Von hier aus konnte das Anrücken eines Feindes erkannt und
nach Erfurt gemeldet werden. Besonders sehenswert ist die
gotische Brüstung des Turmes, die aus Vierpaßmaßwerk be-
steht.

Das Kirchenschiff ist ein Barockbau aus dem zweiten Viertel
des 18. Jahrhunderts. Seinen Charakter erhält das Innere
158 durch den wuchtigen barocken Altaraufbau und zwei um-

96. Lukaskirche
Bindersleben

laufende Emporen. Ein romanisches Taufbecken und das gotische Lukasrelief über dem Eingang zum kreuzrippenge-wölbten Turmzimmer sind Zeugen aus alter Zeit.

Eine Besonderheit der Bindersleber Kirche bilden die an verschiedenen Stellen des Gebäudes auf Veranlassung des Bauherrn und damaligen Pfarrers angebrachten Chronogram-me, wie beispielsweise die Inschrift über dem Nordportal: »Thabor hIer, nICht aber BInDersLeben MVß Vns eVVIg LIebe VVohnVng geben!« Die in diesem Spruch enthaltenen römischen Ziffern ergeben addiert die Jahreszahl 1740, als das Portal gebaut wurde.

Mit einer schweren Erschütterung des Kirchgebäudes durch eine Luftmine im Juli 1944 wurde eine Periode des Zerfalls eingeleitet, der in unseren Tagen bedrohliche Ausmaße er-reicht hat.

Auch zwischenzeitlich vorgenommene Reparaturen konnten ihn nicht aufhalten, zumal die Pfarrstelle von 1950 bis 1973 unbesetzt war. Die Kirche wurde nach 1960 bauamtlich geschlossen. Eine Wiederherstellung ist vorgesehen.

Zeittafel

1103	Bilterisleybin erstmals urkundlich erwähnt
1737–1743	Barocker Neubau des Kirchenschiffes
1745–1746	Turmrenovierung
1944	Schwere Beschädigung der Kirche durch Luftmine, Kirche daher z. Z. nicht nutzbar

Kirchen im Geratal und am südlichen Steigerrand

Im südwestlichen Teil des Stadtkreises Erfurt hat sich die Gera im Muschelkalkplateau ein reizvolles Tal eingeschnitten. Seit dem vorigen Jahrhundert ist dieses Tal zusammen mit dem angrenzenden Steiger ein wichtiges Naherholungsgebiet für Erfurt. Viele bequeme Spazier- und Wanderwege und einladende Gaststätten sind dort zu finden. In den letzten Jahrzehnten entstanden an den Talhängen zahlreiche Bungalowsiedlungen.

In diesem Gebiet liegen die ehemaligen Dörfer Hochheim, Bischleben, Stedten, Möbisburg und Rhoda. Bis auf Hochheim gehören sie erst seit 1950 zum Stadtkreis und seit 1972 zum Kirchenkreis Erfurt. Hochheim, seit 1938 Ortsteil von Erfurt, wurde bis 1925 von Schmira aus kirchlich betreut.

Johanneskirche in Hochheim

Die eintürmige neugotische Kirche wurde aus Mitteln des Gustav-Adolf-Vereins (s. Gustav-Adolf-Kirche Melchendorf) erbaut und anläßlich der Jubiläumsfeiern zum 400. Geburtstag Martin Luthers am 22. 11. 1883 eingeweiht. Die Kirche steht am Berghang oberhalb von Hochheim und grüßt mit ihrem hohen Turm weit ins Land hinaus.

Hochheim gehört zu den fünf ehemaligen kurmainzischen Küchendörfern um Erfurt, in denen die Reformation nicht eingeführt wurde. Als stadtnahes Dorf hatte es in der zweiten Hälfte des 19. Jh. ein starkes Bevölkerungswachstum zu ver-

161

zeichnen. Die meisten der Zuziehenden waren evangelisch. Durch die Gründung einer evangelischen Gemeinde kam es zu manchen Spannungen mit der katholischen Bevölkerung von Hochheim, die im Laufe der Zeit ausgeglichen wurden. 1977 erfolgte eine gründliche Renovierung der Kirche.

Nach Durchschreiten des Portals wird der Eintretende vom modern gehaltenen Altarraum beeindruckt. Der Entwurf für den Altarraum stammt von Dombaumeister Erwin Gramse. Der Altartisch mit dem darüberhängenden Meditationskreuz, dem Lesepult, dem Taufbecken und den drei Kupferleuchtern passen sich gut in das Gesamtbild der Kirche ein. Die in dunklem Eichenholz gehaltenen Emporen und Kirchenbänke kommen durch den hellen Kirchenraum voll zur Geltung.

Zeittafel

1883	Einweihung der Kirche (22. 11.)
1885	Gründung der Parochie Schmira-Hochheim
1912	Erwerb des Gemeindehauses
1925	Verlegung des Pfarramtes von Schmira nach Hochheim
1954	Renovierung
1977	Arbeiten zur Erhaltung der Bausubstanz, Neugestaltung des Innenraums
1984	Turm mit Kupferdach gedeckt

Benignuskirche in Bischleben

Die Kirche steht am Rande des alten Dorfkerns auf einer Anhöhe unweit des Bahnhofs Bischleben. Seit der Reformation ist sie evangelisch. An der Wand der Pfarrhausdiele sind alle evangelischen Pfarrer dieser Kirche ab 1550 verzeichnet. Die Kirche ist von einem Friedhof umgeben. An ihrer Nordseite sind die Jahreszahlen 1470, 1551 und 1716 zu erkennen. Die beiden ersten Daten werden als Umbautermine gedeutet, 1716 wurde das Kirchenschiff neu aufgeführt. Der Turm stammt noch aus dem Mittelalter und erhielt 1699 seine »Wel-

99. Benignuskirche Bischleben

sche Haube«. Unter dem Vordach des Kircheneingangs steht der ehemalige Opferstock von 1740 in Form eines achteckigen Pfeilers.

Der Innenraum wird durch den barocken Kanzelaltar bestimmt. Er besitzt einen Durchgang mit einer Einfassung aus korinthischen Säulen. Die Kirche hat eine Holzdecke, die, außer im Altarraum und über den Seitenemporen, tonnenförmig gewölbt ist. Das Gestühl ist als Block auf dem nach vorn abgeschrägten Fußboden angeordnet. Besonders erwähnenswert sind die gemauerte Gruft unter dem Altarraum, eine geschnitzte Truhe aus dem 17. Jh. sowie vier Grabplatten und drei Epitaphien aus der Zeit zwischen 1586 und 1732. Die Orgel wurde 1961 unter Verwendung alter Teile von der Firma Jehmlich neu aufgebaut. Die jetzigen Glocken, 1957 von der Firma Schilling, Apolda, gegossen, wurden im gleichen Jahr vom damaligen Thüringischen Landesbischof Mitzenheim feierlich eingeweiht. Damals gehörte Bischleben zum Kirchenkreis Gotha.

Zeittafel

874	Erste Erwähnung von Bischleben
1470	Älteste Inschrift an der Kirche
um 1650	Beseitigung der Schäden des Dreißigjährigen Krieges
1699	Turmhaube erhält heutige Form
1716	Neubau des Kirchenschiffs
1945	Explosion eines Munitionszuges, alle Kirchenfenster zerstört
1961	Orgelneubau
1983	Innenausmalung
1987	Außenverputzung

Kirche in Stedten

Etwas versteckt oberhalb der Geratalstraße steht am Rande des Parks des ehemaligen Stedtener Guts die Kirche. Der Gutsherr C. D. v. Keller ließ sie 1745 im spätbarocken Stil erbauen. Sein Wappen ist an der Ostseite der Kirche angebracht. Ein Dachreiter beherbergt eine kleine Glocke.

166

100. Kirche in Stedt
Kanzelaltar
mit Treppenpaar zur
Kanzel und zu
den Emporen

Der Kirchenraum ist aus dem liturgischen Verständnis des 18. Jh. heraus bewußt als evangelische Kirche konzipiert worden. Außerdem sah der Bauherr in ihr seine »Schloßkirche«. Wie in einem kleinen Hoftheater sind die aufsteigenden Bankreihen und Emporen angeordnet. Vom Altarplatz aus führen zwei geschwungene Treppenpaare zur Kanzel und zu den Emporen.

Nicht nur die Entstehung, sondern auch die Nutzung der Kirche war bis 1945 eng an das Kellersche Gut gebunden. Von 1745 bis 1823 bestand eine eigene Pfarrstelle. Später gehörte Stedten wie auch schon vor 1745 zum Pfarramt Bischleben. 1929 sollte die Kirche wegen Baufälligkeit abgerissen werden. Aus denkmalpflegerischen Gründen wurde sie in den Jahren 1931 bis 1934 restauriert.

Seit 1945 ist die Kirche auch Gottesdienststätte für die im Bereich von Bischleben wohnenden Katholiken, deren Zahl durch die Umsiedler sehr zugenommen hatte. Von 1976 an werden nur noch katholische Gottesdienste in der Kirche gefeiert. Es ist sicherlich nicht ganz einfach, den Kirchenraum unter den ganz anderen liturgischen Bedingungen zu nutzen, ohne ihn durch bauliche Veränderungen seines historischen Charakters zu berauben.

Die Kirche wird zur Zeit umfassend erneuert.

Zeittafel

1594	Kapelle in Stedten
1745	Bau der evangelischen Kirche
1931–1934	Restaurierung des gesamten Gebäudes
seit 1976	Kirche katholisch

Dionysiuskirche in Möbisburg

Südwestlich des Steigers steht auf einem Muschelkalkhügel am Hang des Geratals inmitten eines idyllischen Friedhofs die Möbisburger Kirche. Wie durch Bodenfunde belegt ist, wurde dieser Hügel schon in frühgeschichtlicher Zeit befestigt

101. Dionysiuskirche Möbisburg

und als Fliehburg hergerichtet. Er soll dabei auch als heidnische Kultstätte gedient haben.

Während an der Süd- und Westseite die natürlichen Steilhänge Schutz vor Angreifern boten, nahm man im Osten und Norden Aufschüttungen vor. Diese verleihen dem Burghügel seine noch heute weithin sichtbare charakteristische Form.

Das Dorf Möbisburg entstand um das Jahr 1000. Die Lehnsherren von Burg und Gut Möbisburg waren die Grafen von Gleichen, ihr Lehnsherr der Erzbischof von Mainz. Darauf verweist das alte Steinportal an der Friedhofsmauer mit dem Mainzer Rad und dem Bischofshut. Zu Beginn des 14. Jh. wurde eine gotische Kirche an der Stelle eines Vorgängerbaus errichtet. Die heutige Kirche entstand um 1700 durch Umbau des Kirchenschiffs. Der obere Teil des Kirchturms wurde 1800 in Stein aufgeführt und mit einer Laterne gekrönt. Von der gotischen Kirche haben sich bauliche Reste bis in unsere Zeit erhalten. Dazu gehören die Köpfchen am Hohlkehlgesims des Chores, um die sich eine Sage rankt, und das Seitenfenster im Turmgeschoß.

Bei der Christianisierung Thüringens im 8. Jh. soll auf dem Burghügel eine Kapelle errichtet worden sein. Im Mittelalter diente die Kirche auch als Wehrkirche. Die Reformation hielt zur gleichen Zeit wie in Erfurt Einzug. Bis 1902 war Möbisburg Filialdorf von Bischleben. Das im Jahre 1911 erbaute Pfarrhaus wurde 1976, seitdem ist Möbisburg wieder Filial von Bischleben, zur Nutzung für kirchliche Unterrichtszwecke und Gemeindeveranstaltungen hergerichtet.

Der Innenraum der Kirche wird von der barocken Ausstattung mit ihren ausdrucksvollen und vielfältigen Bildern an den Emporen geprägt. Diese wurden bei der Renovierung im Jahre 1893 vom Malermeister Wand »frisch gemalt«. Dargestellt ist das Leben und Wirken Jesu von der Verkündigung und Geburt bis zum Weltgericht. Im Chorraum steht der wuchtige, gemauerte Altar. Darüber ist etwas zurückgesetzt die barocke Kanzel angebracht. Links vom Altar befindet sich das gotische Sakramentshäuschen und rechts ein Epitaph mit gotischer Inschrift, dem hl. Dionysius gewidmet. Nicht zu übersehen ist der schwere steinerne Opferstock. Vom Altarraum aus blickt man auf die Barockorgel.

Zeittafel

1308	Erste urkundliche Erwähnung einer Kirche
1318	Bau der gotischen Kirche
1699–1701	Umbau des Kirchengebäudes
1780	Barockorgel aufgestellt
1800	Oberteil des Turmes in Stein aufgeführt
1893	Innenrenovierung
1962	Turm und Dach neu gedeckt
1964	Innenrenovierung, Überholung der Orgel

Kirche „Zum Guten Hirten" in Rhoda

Die bescheidene, nur 12 m lange Kirche steht, umgeben vom Grün des ehemaligen Friedhofs, am Ende der alten Dorfstraße. Ein Türmchen mit einer barocken Haube ragt an der Westseite aus dem Kirchendach heraus. Die Jahreszahl des Baubeginns – 1708 – ist über einem Fenster an der Südseite eingemeißelt. Zuvor stand an der Stelle dieser Kirche eine hölzerne Kapelle, die 1616 »auf Kosten Herzog Ernsts des Frommen« errichtet worden war. Der Kirchenraum hat eine an drei Seiten umlaufende Empore und ist mit einer als Spiegelgewölbe gestalteten Decke versehen. Der einfache barocke Kanzelaltar bestimmt die Innenansicht der Kirche.

Zeittafel

1194	Erste urkundliche Erwähnung von Rhoda
1616	Bau einer hölzernen Kapelle
1708–1714	Heutige Kirche errichtet
1930	Renovierung
1987	Innen- und Außenrestaurierung

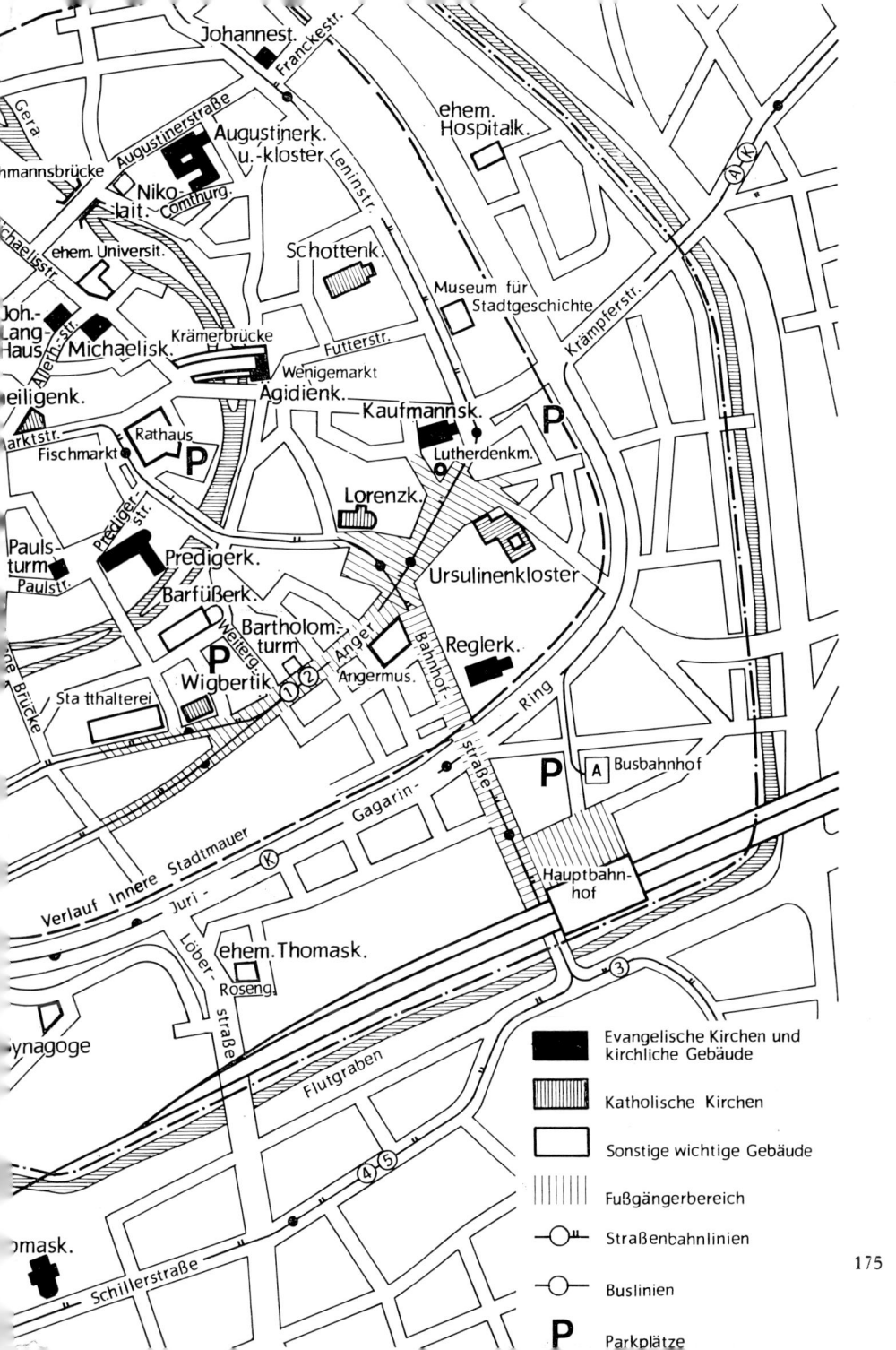

Johannest.
Franckestr.
ehem. Hospitalk.
Augustinerstraße
Augustinerk. u.-kloster
Leninstr.
Niko-lait.-comburg
hmannsbrücke
Niko-lait.
ehem. Universit.
Michaelisstr.
Schottenk.
Museum für Stadtgeschichte
Krämpferstr.
Joh.-Lang-Haus
Alten.-str.
Michaelisk.
Krämerbrücke
Futterstr.
Wenigemarkt
Agidienk.
eiligenk.
Kaufmannsk.
Lutherdenkm.
arktstr.
Rathaus
Fischmarkt
P
Predigerstr.
Lorenzk.
P
Pauls- turm
Paulstr.
Predigerk.
Ursulinenkloster
Barfüßerk.
Bartholom.- turm
Weiterg.
Wigbertik.
Anger
Angermus.
Bahnhof
Reglerk.
Sta tthalterei
e Brücke
Ring
Gagarin-
P
A Busbahnhof
Verlauf Innere Stadtmauer
Juri -
K
Straße
Hauptbahn- hof
Löber- straße
ehem. Thomask.
Roseng.
ynagoge
Flutgraben
omask.
Schillerstraße

Evangelische Kirchen und kirchliche Gebäude

Katholische Kirchen

Sonstige wichtige Gebäude

Fußgängerbereich

Straßenbahnlinien

Buslinien

P Parkplätze

175

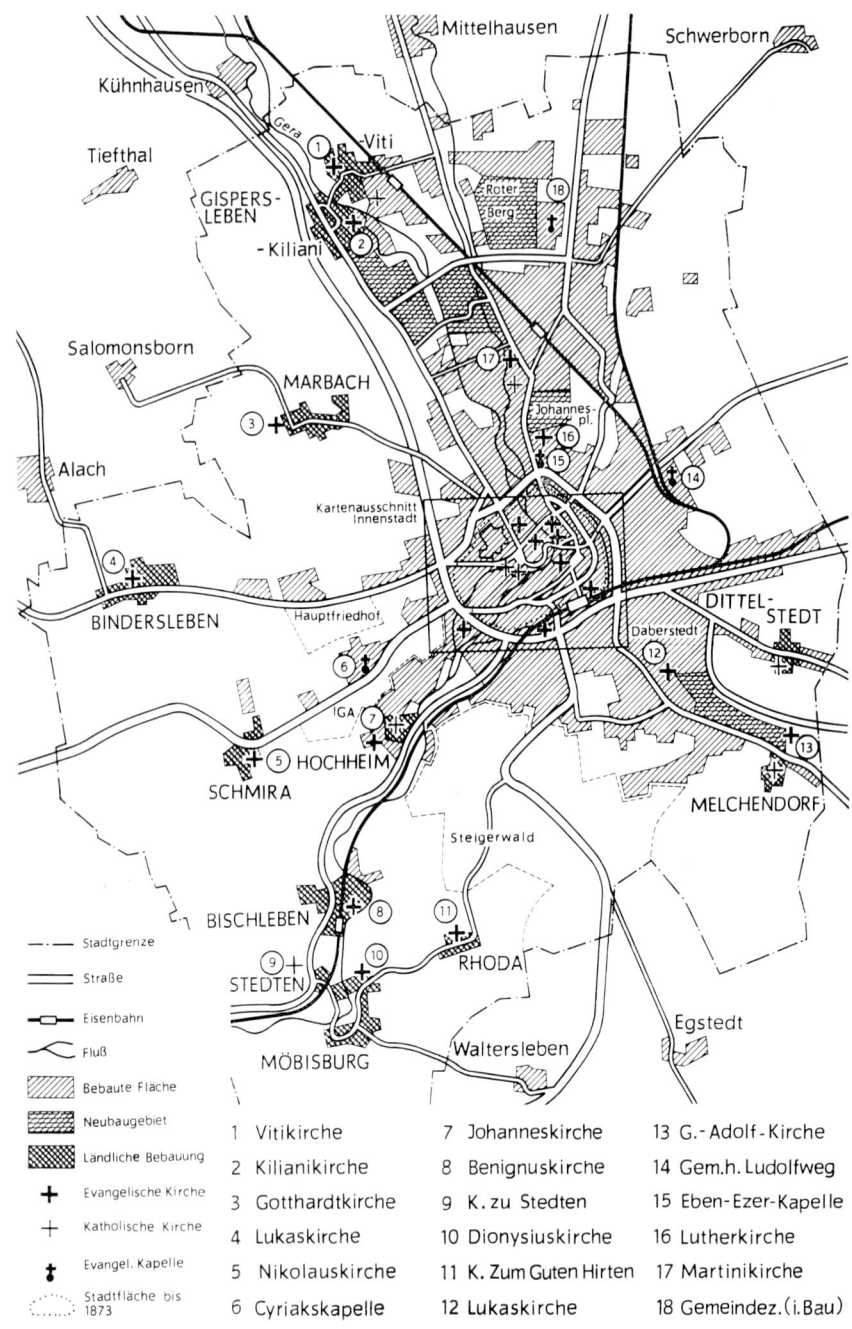

1	Vitikirche	7	Johanneskirche	13	G.-Adolf-Kirche
2	Kilianikirche	8	Benignuskirche	14	Gem.h. Ludolfweg
3	Gotthardtkirche	9	K. zu Stedten	15	Eben-Ezer-Kapelle
4	Lukaskirche	10	Dionysiuskirche	16	Lutherkirche
5	Nikolauskirche	11	K. Zum Guten Hirten	17	Martinikirche
6	Cyriakskapelle	12	Lukaskirche	18	Gemeindez.(i.Bau)

Legende:

- – · – Stadtgrenze
- —— Straße
- Eisenbahn
- Fluß
- Bebaute Fläche
- Neubaugebiet
- Ländliche Bebauung
- + Evangelische Kirche
- + Katholische Kirche
- ‡ Evangel. Kapelle
- Stadtfläche bis 1873

176

Literaturverzeichnis

Arndt, G.: Die kirchliche Baulast in den ehemaligen Erfurtischen Gebieten. Erfurt o. J.

Badstübner, Ernst: Kirchen der Mönche. Die Baukunst der Reformorden im Mittelalter. Berlin 1980

Bärwinkel, Paul: Aus meinem Leben. Ein Beitrag zur Kirchengeschichte Erfurts in den letzten 40 Jahren. Erfurt 1909

Bärwinkel, Paul: Bericht über die Geschichte der Regler-Kirche und Regler-Gemeinde in den letzten Jahren. Erfurt 1895

Bärwinkel, Paul: Restauration der Regler-Kirche in Erfurt. Erfurt 1885

Der Bau der Lutherkirche. Eine Denkschrift 1889–1927. Hrsg. vom Gemeindekirchenrat der Luthergemeinde und dem Evangelischen Ministerium zu Erfurt. Erfurt 1927

Bauer, Martin: Justus Menius – vom Humanisten zum Mitreformator Thüringens. In: Luthers Freunde und Schüler in Thüringen, Bd. 1. Berlin 1961, S. 67–77

Bertram, Max Paul: Bilterisleybin (Gedruckte Chronik von Bindersleben). Bindersleben 1904 (Selbstverlag der Gemeinde)

Beyer, Karl und *Johannes Biereye:* Geschichte der Stadt Erfurt von der ältesten bis auf die neueste Zeit (ersch. nur Bd. 1 in Lieferungen »bis zum Jahre 1664«). Erfurt 1904 bis 1935

Biereye, Johannes: Die Michaelisstraße in Erfurt und ihre Bewohner sonst und jetzt (1925.) Sonderabdruck aus Heft 43 der Mitteilungen des Vereins für die Geschichte und Altertumskunde von Erfurt 1925/26

Denkmale in Thüringen, ihre Erhaltung und Pflege in den Bezirken Erfurt, Gera, Suhl. Weimar 1973

Deutsche Kunstdenkmäler. Bezirk Erfurt, Gera, Suhl. Leipzig 1967

Döring, Ruth: Die Krämerbrücke. In: Aus der Vergangenheit der Stadt Erfurt, Bd. 1 (1955), S. 144–150

Drachenberg, Erhard; Maercker, Karl-Joachim; Schmidt,

Christa: Corpus Vitrearum Medii DDR, Bd. 1 Die mittelalterliche Glasmalerei in Erfurt, Teil 1 Die mittelalterliche Glasmalerei in den Ordenskirchen und im Angermuseum in Erfurt. Berlin 1967 (S. 3–79 Barfüßerkirche, S. 87–151 Predigerkirche, S. 155–223 Augustinerkirche, S. 262 Reglerkirche)

Die Einweihung der Lutherkirche am 10. Dezember 1927 (Festschrift). Erfurt 1927

Elze, Otto: Ortschronik von Gispersleben Kiliani und Viti. Erfurt 1926

Erfurt, St. Thomaskirche. In: Zentralblatt der Bauverwaltung 18. 1898, S. 396

75 Jahre Evangelisch-Freikirchliche Gemeinde in Erfurt, o. O. 1980

Exkursion des Instituts für Denkmalpflege in der Deutschen Demokratischen Republik, Thüringen, 1965 Hrsg.: Institut für Denkmalpflege, Arbeitsstelle Erfurt

Festausgabe zur 800-Jahr-Feier der Reglerkirche In: Reglergemeindeblatt Jg. 10, 1935, Nr. 3

Giesecke, Hans: Das alte Erfurt. Leipzig 1972

Goern, Hermann: Die gotischen Bildfenster im Dom zu Erfurt. Dresden 1961

Grundmann, Walter: Der Erfurter Regleraltar. Berlin 1957

Hartung, Bernhard: Die Häuserchronik der Stadt Erfurt. Teil 2, Erfurt 1878

Hering, D.: Dienst der Liebe und Inneren Mission im Protestantismus. In: Der Protestantismus in seiner Gesamtgeschichte bis zur Gegenwart in Wort und Bild. Bd. 1. Kassel, Reutlingen o. J.

Hillebrand, E.: Die neue Thomaskirche in Erfurt. In: Zentralblatt der Bauverwaltung 24. 1904, S. 27–29

Hoppe, Günther und *John, Jürgen:* Historischer Führer – Stätten und Denkmale der Geschichte in den Bezirken Erfurt, Gera, Suhl. Leipzig 1978

Hotzel, Siegfried: Luther im Augustinerkloster zu Erfurt 1505–1511. 2. Aufl. Berlin 1971

Hüter, Karl-Heinz; Schulrabe, Siegward; Dallmann, Wilfried und *Zieszler, Rudolf:* Architekturführer DDR. Bezirk Erfurt. Berlin 1979

Jauernig, Reinhold: Johannes Aurifaber – lutherischer Prediger und Sammler von Lutherschriften. In: Luthers Freunde und Schüler in Thüringen, Bd. 1. Berlin 1961, S. 147–154

Kaiser, Gerhard und *Rolf-Günther Lucke:* Die Krämerbrücke in Erfurt. Baudenkmale 28, Leipzig 1970

Kaiser, Gerhard: Die Predigerkirche zu Erfurt. Das Christliche Denkmal, Heft 110, Berlin 1980

Kaiser, Gerhard: Die Reglerkirche zu Erfurt und eine kurze Betrachtung des Ordens der Augustiner-Chorherren. (Semesterarbeit, Maschinenschrift, Jena 1957)

Kleineidam, Erich: Das Stiftskapitel der Marienkirche zu Erfurt am Beginn der Reformation. In: Erfurter theologische Studien, Bd. 32, Einheit in Vielfalt, Leipzig 1974, S. 23–41

Die Kunstdenkmale der Provinz Sachsen. Hrsg. v. M. Ohle. Bd. 2: Die Stadt Erfurt. Burg 1931–32

Kurt, Joachim: Aus Erfurts Glockenstuben. Jena 1979

Kurz, Alfred (Hrsg.): Erfurter Lutherbuch 1917. Eine Festgabe zur vierten Jahrhundertfeier zur Reformation. Erfurt 1917

Lehfeld, Paul: Bau- und Kunstdenkmäler Thüringens. Heft 8, Herzogtum Sachsen-Coburg und Gotha. Jena 1891 (betr. Bischleben, Rhoda, Stedten)

Mai, Hartmut: Der evangelische Kanzelaltar, Geschichte und Bedeutung. Halle 1969

May, Walter: Stadtkirchen in Sachsen/Anhalt, 2. durchges. Aufl. Berlin 1980

Menzel-Jordan, Käthe: Die Erneuerung der Predigerkirche in Erfurt. In: Kunst und Kirche 29 (1966) 1, S. 33–39

Müller, Max: Evangelische Martinikirche in Erfurt-Nord. In: Glaube und Heimat. Jg. 33 (1978), Nr. 22

Neubauer, Theodor: Die sozialen und wirtschaftlichen Verhältnisse der Stadt Erfurt vor Beginn der Reformation. Teil 1 (Diss. phil. Jena 1913). In: Mitteilungen des Vereins für Geschichte und Altertumsforschung zu Erfurt, Heft 34 (1913)

Neubauer, Theodor: Luthers Erfurter Studentenzeit. In: Kurz, Erfurter Lutherbuch, Erfurt 1917

Orth, Siegfried: Ludwig Compenius, berühmter Orgelbauer und Erfurter Walperherr. In: Kulturspiegel Erfurt 1959

Orth, Siegfried: Johann Pachelbel – sein Leben und Wirken in Erfurt. In: Aus der Vergangenheit der Stadt Erfurt, Bd. 2, Heft 4 (1957)

Overmann, Alfred: Erfurt in zwölf Jahrhunderten. Eine Stadtgeschichte in Bildern. Erfurt 1929

Overmann, Alfred: Die älteren Kunstdenkmäler der Plastik, der Malerei und des Kunstgewerbes der Stadt Erfurt. Erfurt 1911

Overmann, Alfred: Der Erfurter Barfüßeraltar und seine Meister. In: A. Overmann, Aus Erfurts alter Zeit, Erfurt 1948, S. 67–70

Overmann, Alfred: Die Entstehung der Erfurter Pfarreien. In: Jahrbuch der Historischen Kommission für die Provinz Sachsen und Anhalt, Bd. 3, Magdeburg 1927, S. 135ff.

Pohl, Kurt: Der Thomasaltar zu Erfurt, o. O. 1951

Rinck: Die evangelische Kirchgemeinde und Kirche zu Erfurt-Daberstedt, bearbeitet an Hand der Protokollbücher des Gemeindekirchenrates und der Daberstedter Pfarramtsakten. (Manuskript, 1950)

Rinck: Die evangelische Kirchgemeinde Melchendorf-Dittelstedt und ihre Gustav-Adolf-Kirche auf dem Großen Herrenberg. (Manuskript, 1951)

Sachs, Hannelore; Badstübner, Ernst und *Neumann, Helga:* Christliche Ikonographie in Stichworten. Leipig 1973

Saupe, Paul: Johannes Daniel Falk – 1768 bis 1826 – Schriftsteller, tätig in gefährlichen Kriegsläuften, Pädagog verwilderter Kinder. In: Weimar, Tradition und Gegenwart, Heft 31 (1979)

Schicksale deutscher Baudenkmale im zweiten Weltkrieg. Eine Dokumentation der Schäden und Totalverluste auf dem Gebiet der DDR. Hrsg. v. G. Eckhardt, Bd. 2, Berlin 1978

Schlesinger, Walter: Städtische Frühformen zwischen Rhein und Elbe. In: Reichenau-Vorträge 1955–56, Bd. 4, Lindau-Konstanz 1958, S. 297–362

Schmidt, Christa: Die Augustinerkirche zu Erfurt. Das Christliche Denkmal, Heft 91, Berlin 1974

Tettau, W. v.: Beschreibende Darstellung der älteren Bau- und Kunstdenkmäler der Provinz Sachsen. Heft 13, Die Stadt Erfurt und der Erfurter Landkreis. Halle 1890 (betr. Bischleben, Marbach, Möbisburg, Schirma)

Timpel, Max: Straßen, Gassen und Plätze von Alt-Erfurt in Vergangenheit und Gegenwart. In: Mitteilungen des Vereins für Geschichte und Altertumskunde zu Erfurt, Heft 45 (1929)

Tosetti, Marianne und *Herre, Volkmar:* Impressionen in Erfurter Kirchen. Barfüßer. Prediger. Augustiner. Berlin 1975

Verwiebe, Walter: Zur Erneuerung der Barfüßer- und Michaeliskirche in Erfurt. In: Kunst und Kirche 26, (1963) 1, S. 33–41

Wahl, August: Statistische Nachrichten über die Andreaskirche in Erfurt. Erfurt 1868

Weiß, Ulman: Die frommen Bürger von Erfurt. Die Stadt und ihre Kirche im Spätmittelalter und in der Reformation. Weimar 1988

Wiegand, Fritz: Erfurt, eine Monografie. Rudolstadt 1964

Wiegand, Fritz und Kollektiv: Erfurt, Tourist Stadtführer-Atlas. Berlin 1978

Wiegand, Fritz: Ein Brief Thomas Müntzers an die Gemeinde zu Erfurt. In: Aus der Vergangenheit der Stadt Erfurt, Bd. 1, Heft 5 (1955)

Wiemann, Erich: Bonifatius und das Bistum Erfurt. In: Thüringer kirchliche Studien, Bd. 3, S. 27–51. Berlin 1976

Wiemann, Erich: Erfurt, Werden und Wesen der Stadt. In: Erfurter theologische Studien, Bd. 32, Einheit in Vielfalt, Leipzig 1974, S. 9–22

Wiemann, Erich: Johannes Lang – Augustinermönch und Reformator in Erfurt. In: Luthers Freunde und Schüler in Thüringen, Bd. 2. Berlin 1962, S. 9–24

Wiemann, Erich Die Kaufmannskirche zu Erfurt. Erfurt 1967

Wiemann, Erich: Die Reglerkirche zu Erfurt. Erfurt 1949

Zieschang, Walter: Turmgekröntes Erfurt. Die zehn katholischen Stadtkirchen. 2. Aufl. Leipzig 1987

Inhaltsverzeichnis

Erfurt, Stadtansicht (Mitte 18. Jh.)